AI 경영
소년병과 아인슈타인

AI Management:
The Boy Soldier and Einstein

AI 경영
소년병과 아인슈타인

여현덕
KAIST-NYU 석좌교수

**AI시대, 기술만으로는
생존할 수 없다!**

드러커마인드

| 추천사 |

"꿈은 나만의 색이고, 그 색이 없다면 언제든지 대체될 수 있습니다."

제가 오래 품어온 이 말은, AI가 글을 쓰고 생각을 대체하는 오늘날 더욱 절실해집니다. 『AI 경영: 소년병과 아인슈타인』은 그러한 시대의 물음, 즉 '우리가 어떻게 대체 불가능한 존재로 살 것인가'를 차분하면서도 단단하게 묻는 책이라는 생각이 듭니다.

저자는 협업지능(CQ)이라는 개념을 통해, 인간의 감성과 창의성이 AI와 만나야 비로소 열리는 새로운 가능성을 이야기합니다. 또한, 책이 품고 있는 생생하고 다양한 사례들은, 위기가 곧 기회임을 삶의 언어로 전해주고 있으며, 우리에게 새로운 질문을 던집니다. '거대한 전환 속에서 우리는 어떤 질서를 세워야 할까요?' 이 질문은, AI 시대를 살아가고 있는 지금 우리에게 책이 그 답을 찾아가는 여정에 든든한 동반자가 될 것입니다.

특히 이 책이 가치 있는 이유는 AI 테크놀로지의 향방을 정확히 짚고 있을 뿐 아니라, 인문학적이고 융복합적인 통찰을 더해 휴머니즘을 그 중심에 놓음으로써 독자들에게 첨단 기술 분야의 지식과 융합적 사고의 문을 열어주고 있다는 점에 있습니다. 이러한 관점은 융복합적 인재 양성을 지향해 온 KAIST의 혁신적 철학과도 맞닿아 있습니다. 더 나아가 여현덕 교수는 이번 저서를 통해 기술과 경영, 그리고 인문학을 긴밀히 연결하며 AI 기술을 흥미롭게 풀어내고 있습니다.

『AI 경영: 소년병과 아인슈타인』은 이 시대에 가장 부족한 부분, 즉 기술을 넘어 인간 중심의 가치와 미래 전략을 잇는 통찰을 채워줄 수 있는 책입니다. 이 책은 일반 독자는 물론, AI에 관심 있는 연구자와 전문가, 그리고 기업의 리더들에게도 반드시 필요한 저서라고 믿습니다

그래서 저는, 비즈니스 리더나 미래의 AI 전문가를 꿈꾸는 인재들뿐만 아니라, 자신의 자리에서 빛나고자 하는 모든 분들께 이 책을 진심으로 권합니다. 각자의 별자리에서 반짝이고 싶은 그 꿈이야말로, 당신을 특별하게 만드는 빛이 되어줄 것이라 믿습니다. 결국 꿈은 나만의 색입니다. 그 색을 지켜낸 사람만이 누구도 대신할 수 없는 존재로 남게 될 것입니다. 『AI 경영: 소년병과 아인슈타인』이 그 꿈을 지켜내고 키워가는 길에 용기와 지혜를 더해주어, 오늘의 한 장이 내일을 바꾸는 시작이 되기를 바랍니다.

_ **이광형** (KAIST 총장)

| 추천사 |

"AI를 둘러싼 기술 담론을 넘어서, 인간과 조직에 대한 깊이 있는 통찰을 제시하는 드문 책이다. 급변하는 환경 속에서 리더는 더 이상 기술만으로는 앞서갈 수 없다. 이 책은 복잡한 시대를 읽는 프레임을 제공한다. 미래 전략을 고민하는 경영자라면 꼭 읽어야 할 책이다."

_ 이희범 (제8대 산업자원부장관/2018 평창 동계올림픽 조직위원장)

"소년병과 아인슈타인— 언뜻보면 불협화음이 나는 듯한 문장들 이면에는, AI와 인류의 미래를 사유하게 해주는 혜안들로 가득하다. 지속가능한 사회와 책임 있는 경영에 대해 진지하게 고민하는 이들에게 깊은 울림을 줄 것이다. 시대의 흐름을 읽고자 하는 리더들에게 일독을 권한다."

_ 서영옥 (화인테크놀리지 회장/경남여성경영인협회 회장/경남벤처산업협회 회장)

"AI가 바꿔놓을 비즈니스의 지형 속에서, 여전히 전략의 중심에는 '사람'이 있다. 이 책은 기술과 인간 사이의 접점을 치밀하게 짚어낸다. 경영 일선에서 의사결정을 내리는 분들에게 강력히 추천한다."

_ 김동욱 (현대자동차 부사장)

"빠르게 진화하는 AI 기술 속에서, 속도뿐만 아니라 깊이를 찾고자 한 책이다. '경영의 본질이 어디에 있는 것일까?'라는 질문을 하게 만드는 이 책은, 그 균형점을 고민하게 만든다. 전략적 사고와 조직 리더십을 고민하는 분이라면 실질적인 인사이트를 얻을 수 있을 것이다."

_ **이승환** (삼일 PwC 부대표)

"AI 기술을 넘어, 우리가 어떤 질문을 던져야 하는지를 이 책은 묻고 있다. 기술에 앞서 인간을 이해하는 시선, 그리고 창의적 사고를 자극하는 인문학적 접근이 무척 인상적이다."

_ **신희민** (구글 코리아)

차 례

추천사   004

Part 1
AI 시대의 인간 - 소년병과 아인슈타인

지뢰밭의 소년병과 아인슈타인, 그리고 무심한 AI   013

헤세의 지와 사랑, 그리고 대규모 언어모델(LLM)   021

15년간 한 여인만 그린 화가의 꿈과 AI-CQ   027

인간과 AI : 감성 인공지능 2AI   034

'가을의' 채식주의자와 AI 할루시네이션   040

인공지능 역사, AI의 겨울 vs AI의 가을   046

Part 2
꿀벌 : 일상에 스며든 AI족과 함께 살아가기

털복숭이 아기 반려동물과 휴니멀 인공지능   055

외계에서 온 휴머노이드 불칸(Vulcan) -
    'AI족'과 함께 살아가는 법   062

아름다움은 무죄인가? -
    그리스의 미인 프리네(Phryne), 법관, 그리고 인공지능   068

24시간 잠들지 않는 AI닥터 히포크라테스	074
AI 시대, 강아지가 중하냐? 할머니가 중하냐? – 트롤리의 딜레마	080
AI 알고리즘에 의한 해고 : AI 면접관에게 미모는 없다	086
AI 시대, 암진단과 서비스 의료(Medicine as a Service, MaaS)	098
올림픽에서 '인간 심판 vs AI 심판'	104
인공지능은 반(反)예술인가? 그 안티테제와 신테제	111

Part 3
게릴라 : 일상을 뛰어넘는 혁신가 AI

게임 체인저로서의 인공지능	119
꿀벌과 인공지능 게릴라	126
혁신가와 착한 AI의 딜레마	134
역사+AI : 창조는 혼돈의 가장자리에서	141
축구 산업의 게임 체인저 AI 혁신	146
'위고비'가 만들어 낸 덴마크의 AI 주권	154
세월을 되돌리는 역노화와 인공지능	160
AI 시스템에서 레드팀과 블랙스완	167

AI 휴보 전쟁, 몸통을 흔드는 로봇의 '손'	174
폭염의 위기를 기회로 만드는 역발상의 AI 혁신	183

Part 4
AI 시대의 딥마인드 경영과 현자 케이론

나도 모르는 내 마음 : 딥마인드 경영의 알고리즘	193
AI와 인간, 불사(不死)의 현자(賢者) 케이론과 같이	199
인공지능 연구자의 노벨상 수상 비결	205
또 다른 인공지능 – '휴보'의 인정투쟁	212
AI 가속주의와 트럼프 거래의 기술	218
AI 인재 전쟁과 K-인재전략	224

일러두기
본 도서에 사용된 이미지 대부분은 필자가 프롬프팅하여 AI를 활용해 생성한 이미지이며, 이미지 타이틀 아래에 필자가 사용한 AI툴(ChatGPT, SoraAI 등)을 기재하였습니다. 그 외 이미지는 별도로 정보 및 출처를 표기했습니다.

AI 시대의 인간

소년병부터 아인슈타인

Humanity in the Age of AI
From Boy Soldier to Einstein

Part 1

지뢰밭의 소년병과
아인슈타인,

그리고 무심한 AI

    1945년 5월, 독일이 패전하면서 덴마크 해변의 지뢰밭에는 약 4만 5천여 명에 달하는 소년병이 포로로 잡혀 있었다. 지뢰 해체 작업에 투입된 소년병들은 단 한 번의 실수로 죽음을 맞을 수 있는 극한의 상황에 놓여 있었다. 소년들은 지뢰가 터지지 않도록 극도로 조심하면서 지뢰를 탐지했으나, 기술의 한계로 많은 사상자가 발생했다. 소년병들은 금속탐지기 등으로 지뢰를 탐지하며 공포의 날들을 보내야 했다. 이 스토리는 독일과 덴마크의 합작 영화 '지뢰의 땅(Land of Mine)'에 소개된 바 있다.

    소년병들에게 '지능'은 무엇일까? 지뢰탐지에 필요한 기술과 지식을 습득하는 능력, 안전하게 해체하는 능력, 아울러 상황에 창조적으로 대응하면서 생존확률을 높이는 능력 등일 것이다. 이런 인지적 능력에 더하여 슈만이라는 소년병은 좀 더 특별한 지능을 보인다. 즉, '지뢰의 땅'에서 침착하게 대처하면서 자신들을 괴롭히는 상사와 교섭하고 겁에 질린 소년병들을 어른스럽게 잘 이끄는 EQ 지능(리더십)을 보여준다.

그럼 AI는? AI는 먼저 지뢰를 식별하도록 '지도학습'을 통해 지뢰 식별, 사람과 위치, 그리고 다른 매설물 등을 분석하고 식별한 뒤 잘 훈련된 AI로봇을 통해서 지뢰를 제거한다. 지뢰를 잘못 건드리면 치명적인 손상을 입기에 AI로봇을 훈련하는 과정에서 강화학습(reinforcement learning)으로 실점을 줄이고 득점을 높인다. 학습, 추론, 식별에 이어 인간의 행동 패턴까지 학습하여 실수를 최대한 줄인다.

마지막으로 생성 AI는 어떨까? 트랜스포머 기계학습과 휴먼 피드백을 병행하여 지뢰 폭발사고를 줄이고 정확도를 극대화한다. 동시다발적으로 지뢰를 탐지하고 해체하여 시간을 파격적으로 줄인다.

AI는 인간의 직관적 능력에 못지않은 데이터 통찰력으로 남다른 능력에 다가서게 되었다. 게다가 AI는 결코 지치는 법이 없이 쉬지 않고 수행하기에 아인슈타인에도 뒤지지 않는 성과를 보인다. 지뢰탐지 AI 로봇은 감정도, 두려움도 없이 무심하게 -그래서 용감하게-지뢰를 탐지하고 해체하는 능력을 보인다. AI의 그런 능력과 근성을 두고 AI를 단지 프로그램이 아니라 '지능'으로 보려는 견해가 나오고 있다.

과연 기계에 지능이 있을까? 자율주행차는 기계에 지능이 있어서 자율적으로 움직이는 것일까? 사실 AI가 '지능(intelligence)'으로 인정받기까지는 수많은 논쟁이 있었다. AI의 역사는 아직

지뢰를 탐지하는 소년병
_ Chat GPT4

50년 남짓이다. 튜링의 기계, 구글 딥마인드의 알파고, 챗GPT 등을 거치면서 AI는 비약적인 발전을 거듭하였다. 인류 최초의 컴퓨터로 독일의 암호를 해독하여 전쟁을 승리로 이끌었던 앨런 튜링(Alan Turing)은 기계에도 최소한의 지능이 있으며, 계산될 수 있는 모든 것은 자동화될 수 있다고 믿었다. AI의 성능을 테스트하는 질의응답에서 기계(컴퓨터)인지 사람인지 구분할 수 없다면, 그 기계는 튜링 테스트(Turing Test)에 통과한 것이며, 최소한의 지능을 가진 것이 된다. 하지만 이것은 프로그래밍된 시스템에서 나오는 훈련된 동작일 뿐이지 여기에는 "진짜 인간에게 작동하는 방식의 지능인가?"라는 의문이 제기되곤 했다.

인공지능의 선구자 마빈 민스키(Marvin Minsky)는 지능을 어떤 '마술' 같은 작용이 아니라, '에이전트'의 총합으로 보았다. 즉 지능은 무수한 에이전트들의 조직으로, 몸에 명령을 가하여 오른손을 올리게 하거나 왼발을 올리게 하는 기능을 수행한다고 보았다. 에이전트에 학습이 들어가면 'K라인', 즉 지식의 라인(Knowledge Line)이 생겨난다고 본 것이다. 민스키의 발상은 오늘날 AI의 원리가 되었고, 그런 AI는 상당한 발전을 이루고 있다.

지뢰를 탐지하는 AI로봇
_ Chat GPT4

〈딜로이트 인사이트〉(2023년 4월호)에 따르면, 챗GPT의 토대가 된 트랜스포머 모델(2017년) 이전에는 단지 8배였던 AI 연산 능력이 이후 2년 동안 275배 성장했다고 한다. GPT-4의 능력은 소설 습작, 이미지 생성, 코딩 등 거의 모든 분야에서 지적인 결과물을 만들어내고 있다. 속도는 이미 인간의 능력을 능가했고, 언제 어디서든 잠들지 않는 근성, 빠른 속도와 자동화에 더하여 다양한 영역에서 창의성을 높여 '증강지능'으로 손색이 없다. AI시대를 맞아 데이터를 기반으로 작동하는 인공지능의 정확도는 매우 높아졌고, 오차율은 인간보다 훨씬 줄어들었다. 인간보다 높아진 증강지능을 기반으로 AI는 성능개선과 의사결정 지원, 고객 맞춤형 추천 등 다양한 산업 혁신에 기여하고 있다.

앞서 지뢰를 해체하는 과정에서 보았듯이, 인간은 기술이 있어도 지치고 공포감에 시달린다. 천재 과학자 아인슈타인이라고 하더라도, 그가 지뢰를 해결하는데 우주의 원리와 직관력, 통찰력을 더했을지는 모르지만, 그도 '지뢰의 땅'에서는 공포에 벌벌 떨면서 천재성의 스위치가 꺼졌을지도 모른다. 그 점에서 아인슈타인도 '약AI(weak AI)' 기계만 못하다. 한편, 아인슈타인은 지뢰의 폭발 원리를 수학과 과학으로 추론할 것이고. 단순 해체 도구를 넘어서 폭발 메커니즘 자체를 무력화하는 전혀 새로운 방식을 고안했을 수도 있을 것이다. 이같이 인간은 남다른 상상력, 감성, 창조 능력과 리더십을 가지고 있다. 수학·과학의 논리력 못지않게 감성도 창조와 리더십으로 직결된다. 예컨대, 아인슈타인은 음악의 감성과 작곡의 논리구조에서 직관력을 얻었다. 직관의 힘 덕분에 그는 상대성의 원리에 도달했다고 한다.

이제 생성AI 시대가 열리면서 인공지능과 인간지능이 멋지게 만나는 협업지능(CQ : Collaborative Intelligence/Quotient)이 탄생한다면 인류 역사에 어떤 변화를 몰고 올까? 두 지능이 자유자재로 통합되어 '인간의 창조지능·감성지능'과 'AI의 무심한 지능'이 합쳐져 지능이 증강된다면 장차 무슨 지능이 탄생할까? 신을 닮은 호모데우스의 지능이 탄생할까? 초거대 증강지능이 탄생할까?

이스라엘의 역사학자 유발 하라리(Yuval Harari)는 인간이 AI의 힘을 빌려 신의 영역에 도전하는 호모데우스(Homo Deus)가 탄생할지도 모른다고 예견했다. 호모데우스는 라틴어로 Homo(인간)와 데우스(Deus=God)를 결합한 조어로 '신이 된 인간'을 뜻한다. 그는 유전공학 기술로 인간의 유전자를 개량하고, 새로운 장기를 이식받아 완벽하게 설계된, 젊고 건강한 육체를 지닌 초인적 능력의 '호모데우스'가 탄생하게 될 것으로 보았다.

아인슈타인, 음악에서 과학을 얻다
_ ChatGPT4

그런데 여기서 놓쳐서는 안 될 중요 포인트가 있다. 챗GPT의 성능을 높인 핵심 요인은 결국 AI모델이 생성한 결과가 얼마나 우수한가를 판단하는 휴먼 피드백에 있었다는 점이다. 즉 AI의

지능(AIQ)은 궁극적으로는 인간을 대체하는 방향이 아닌 인간의 지성과 함께 하는 공진화(coevolution) 과정에 답이 있다는 뜻이다. 오늘날 생성 AI는 컴퓨팅 파워와 빅데이터를 제외하면 모두 인간의 지능에 깊이 다가서면서 성과를 낳았다. 그런 점에서 AIQ는 궁극적으로 '호모데우스'가 아니라 '호모사피엔스'의 가치를 지향해야 하지 않을까? 음악에서 과학을 얻은 아인슈타인을 다시 소환해볼 때다.[1]

아인슈타인은 "인류가 생존하고 더 높은 차원으로 나아가려면 새로운 유형의 사고가 필수적이다"라고 강조했다. 희망과 우려가 교차하는 AI 혁명의 시대에 우리에게는 명확한 나침반이 필요하다. 고리타분한 AI의 도덕을 말하려는 게 아니다. '인간의 집단지성(휴먼)'과 '기술적 집단 지성(AI)'의 창조적인 융합을 말하려는 것이다.

그리스·로마 신화에서 프로메테우스는 신들로부터 불을 훔쳐 인간에게 전해주고 그 대가로 끔찍한 형벌을 받았다. 오늘날 AI의 급속한 발전 역시 인류에게 새로운 '불'과 같은 강력한 도구가 되고 있다. 앞으로 우리가 나아갈 길은 두 갈래다. 하나는 사람들이 불꽃놀이를 즐기듯 AI 자체의 기술 발전에 매진하는 '사이보그의 길'이고, 다른 하나는 불을 따뜻한 난로로 사용하듯 AI가

---

[1] 여기에서 '소년병'은 조직 내에서 명령에 따라 반복적이고 수동적으로 행동하는 구성원을 상징한다. 이들은 주어진 규칙과 절차에 충실하지만, 창의성이나 비판적 사고가 부족할 수 있다. 반면, '아인슈타인'은 창의적 사고와 혁신적인 아이디어로 문제를 해결하고 미래를 설계하는 리더십과 상상력, 그리고 통찰력을 상징한다. 즉, '소년병'은 AI 시대의 단순 반복 업무를 수행하는 역할로, '아인슈타인'은 AI를 활용해 새로운 가치를 창출하고 경영 혁신을 주도하는 존재로 대비된다. 이 두가지 유형의 조화와 전환이 AI 경영 시대에 필수적이다.

인간의 가치와 목표를 공유하도록 만드는 '케이론의 길'이다. '모든 이를 포용하는 AI', '인간의 존엄을 중심에 둔 기술'이라는 철학적 토대 위에서만 진정한 변화와 혁신이 꽃필 수 있을 것이다.

생성AI 시대가 깊어질수록 인공지능 기술에 앞서 인문학적 깊이와 상상력의 필요성도 높아질 것이다. 인간에 대한 깊은 이해 위에 상상력과 기술이 결합될 때 인공지능은 더욱 빛을 발할 것이다.

헤세의 지와 사랑, 그리고 대규모 언어모델(LLM)

헤르만 헤세, 나르치스, 골드문트
_ Sora AI

'지와 사랑'은 헤르만 헤세의 영원한 고전 『나르치스와 골드문트』의 한국어판 책의 제목이다. 이 책은 주인공 두 소년을 통해 이성과 감성 사이에서 고뇌와 갈등을 안고 살아가는 인간의 삶을 대조 화법으로 잘 그려내었다. 이성과 지성을 상징하는 나르치스는 성직자의 길을 간다. 반면 예술을 사랑하는 자유로운 영혼의 소년 골드문트는 방랑가의 천성으로 감성에 충실한 삶을 살아간다. 낭만에 잠기고 밀회를 즐기는 삶에 빠져들어 수도원을 떠나게 된다. 흑사병이 널리 퍼지고, 거리에서 수많은 죽음을 목격한 뒤 결국 도시로 돌아와 마침내 수도원장이 된 나르치스에게 구원을 청한다.

데카르트 방식으로 말하면 나르치스는 "나는 생각한다, 고로 존재한다(Cogito ergo sum)"라는 유형에 최적화된 인물이다. 골드문트 역시 '스피노자의 뇌'를 가진 보통 사람일 뿐이다. 스코틀랜드 출신으로 18세기 최고의 사상가 반열에 올랐던 데이비드 흄(David Hume)은 이성의 우위를 반박하면서, 욕망과 열정이 먼저 결론을 내리고 나서 그 결론의 증거를 찾기 위해 이성을 하인으로 부려 먹는다고 일갈했다. 현존하는 세계 50대 사상가로 꼽히는 조너선 하이트(Jonathan Haidt) NYU 교수 역시 인간은 직관적·감정적 판단을 미리 내린 뒤에 사후적으로 이를 정당화하려 한다는 점에서 인간을 '욕망의 강아지와 이성의 꼬리'에 비유했다.

오늘날 인공지능 알고리즘의 대표주자인 대규모 언어모델(LLM)은 트랜스포머 덕분에 데이터 세트로부터 언어 해석뿐만 아니라, 맥락과 상관관계를 찾는데 유용한 도구로 각광받고 있다. 완벽하지는 않지만, 질문에 답변, 문서 요약, 번역 등에 이어 재무 분석가에게 수익 결산을 빠르게 요약해주고, 신용카드사에 이상 징후를 감지하여 사기의 가능성을 체크해준다. 법률가에게 서류 작성, 용어설명, 판례분석, 계약서 추천 등의 도움을 준다.

LLM을 곰곰히 생각하는
헤세, 나르치스, 골드문트 _ Sora AI

이렇게 수많은 장점에도 불구하고, LLM은 인간의 감성이 배제된 연산모델이고, 통제된 이성을 우상화하는 '나르치스'의 모습이라는 점은 부인하기 어렵다. LLM은 단어와 텍스트에서 감정을 표시하는 데이터들을 모으고 클러스터링 기법도 사용하지만, 본질적으로는 주어진 정보와 규칙에 따라 순차적이고 논리적으로 분석하는 수직적 방법론이다. 한마디로 연산하는 두뇌는 크고 심장이 허약한 데카르트 모델이라고 할 수 있겠다.

뇌과학자 안토니오 다마지오 교수가 LLM을 접했다면, 이 역시 '데카르트의 오류'라고 불렀을 것이고, 데이비드 흄은 '통제된 꼬리'로 보았을 것이다. 인간의 근원적인 욕망은 해변을 가리키지만, LLM은 주말에 해변에 갈 것인가, 농구장에 갈 것인가, 도서관에서 책을 읽을 것인가에 대한 근원적인 고민이 없다. 이미 잘 세팅된 장소에서 주어진 매뉴얼에 따라 작동할 뿐이다. 주어진

환경과 정보 속에서 연산을 수행하고 패턴을 찾아낸다.

　LLM은 항상 데이터에 굶주린 짐승과 같다. 공공 도서관을 온통 점거하고 타인의 지식을 인용 없이 마구 섭렵한다. LLM은 거대한 언어의 배설 쓰레기통과 같아서 데이터에 존재하는 사회적 편견, 불확실한 정보, 콘텐츠 등도 마구 삼키고(input) 배설한다(output). 진위를 효과적으로 필터링할 방법은 아직 불완전한 채로⋯ 직진한다. 이러한 블랙박스가 입력에서 출력에 이르는 과정의 투명성이 부족하지만 추적이 어려우므로 책임 추궁도 어렵다. 거대한 신경망을 학습시키는 데 필요한 막대한 연산 자원과 에너지는 지속가능성에 대한 우려를 낳고 있다.

　LLM으로 작동되는 세상에는 발산적 사고가 설 땅이 없다. 현재는 종종 기존 틀에서 벗어나 새로운 아이디어를 내고 새로운 해결책을 모색해야 하는 창의의 시대라고 한다. LLM은 주어진 데이터 뭉치 속에 갇혀서 주어진 길을 가야 하는 '통제된 이성'의 시스템 - 그 속에 갇혀 있는 것은 아닐까? AI 시대 모든 것이 자동화된다고 해서 주어진 틀에 갇혀서 빠른 속도로 창의성을 떠나보내고 있는 것은 아닐까? AI 센서에 과도하게 의존해서 자동차를 모는 운전자는 길과 지도 공부를 소홀히 할 가능성이 높다.

　오늘날 딥러닝 분야의 아버지로 불리는 요슈아 벤지오 몬트리올대 교수는 LLM은 세상이 통용되는 방식과 달라 일반적인 지능(AGI)으로 볼 수 있을지 의문을 제기한다. LLM이 패턴 인식과 학습 데이터 반복을 통해 텍스트를 생성할 수 있지만, 인간 세상의 진정한 개념이나 의미 파악 능력에 대해서는 회의를 표시한다. 마치 50년 전에 앨런 튜링(Alan Turing)이 튜링테스트를 통한 질의응답에서 기계인지 사람인지 구분할 수 없다면, 그 기계는 튜링 테스트에 통과한 것이며, 최소한의 지능을 가진 것이 된다는 가정에 맞닿아 있다. 포레스트 검프의 대사처럼 "바보처럼 하니까 바보(stupid is as stupid does)"이고, 천재 흉내를 잘 내면 천재가 된다. 하지만 이것 역시 프로그래밍된 시스템에서 나오는 훈련된 동작일 뿐이지 '진짜 인간에게 작동하는 방식의 지능일까'라는 의문을 자아내곤 한다.

오늘날 경제 현상이 이성의 틀 속에 갇혀 있지 않듯이, 인간은 직감과 감성으로 빠르게 결정을 내리는 경우가 많다. 감정이 지배할 때, 이성의 스위치는 꺼지고 무기력해지곤 한다. 이제 노벨상 수상자조차 감성과 직관 뒤에서 무기력해진 이성에서 답을 구하려고 하지 않는다. 그 배후에 있는 진짜 주인, 바로 욕망과 감정을 이해하려고 안간힘을 쓰고 있는 마당이다.

LLM은 변연계와 연결되지 않은 전두엽 모델에 가깝다. 반쪽 인간의 모습을 잘 흉내 내고 있다. 딥러닝이 만들어가는 알고리즘은 속을 알지 못하는 블랙박스에서 생성된다. 따라서 어떻게 그런 결론에 이르렀는지 모른다. 극단적인 전두엽 모델 LLM은 여전히 할루시네이션(환각)에 시달리고 있다.

과연 10년 후에도 LLM이 존재할까? 요즘 우리나라에서 모두들 LLM에만 올인하는 분위기다. LLM은 기본적으로 수직적인 사고에 갇혀 있다. 인간의 추론 보다 AI의 추론을 신뢰하는 경향이

점점 커지면, 인간은 창의성을 길러야 할 이유가 사라진다. 수직적 사고는 논리적이고 체계적인 문제 해결에 적합하지만, 수평적 사고는 주어진 제약조건을 뛰어넘는 역발상과 창조적 상상력을 발휘하는 데 유용하다. 이제 인공지능 씽킹(AI Thinking)은 AI 시스템 속에서 수직적, 수평적 사고법을 상호 보완적으로 사용하면서 통합된 모델을 추구할 필요가 있다.

현실에서는 '지와 사랑'이 하나로 통합되어 나타나듯이, 나르치스와 골드문트처럼 극단적으로 완벽히 분리된 인간 유형은 이 땅에 존재하기 어렵다. 나르치스를 닮은 LLM(대규모 언어모델)은 반쪽이다. LEM(언어+감성 모델)로 진화해가야 하는 운명을 타고 태어났다. LEM에 대한 과감한 도전이 대한민국에서 먼저 시도될 수 있을까?

15년간 한 여인만 그린
화가의 꿈과

AI-CQ

Christina's World _ 앤디 와이어스

    15년간 비밀리에 한 여인만을 그린 뒤 깜짝 공개하여 미술계를 뒤흔들어놓았던, 미국의 유명 화가 앤디 와이어스(Andrew Wyeth)의 작품 중에는 연약한 소녀가 들판의 언덕에 비스듬히 누운 듯 앉아서 저 먼 언덕 위의 작은 집을 하염없이 바라보는 장면이 나온다. 땅을 짚은 그녀의 팔은 너무나 연약해서 부러질 듯하다. 한 줄기 싱그러운 바람이 크리스티나의 머리칼을 조용히 흩날리게 한다. 크리스티나는 무엇을 생각하고 있을까?

사실 그녀는 가냘픈 소녀가 아니라 55세의 이웃집 여인 크리스티나 올슨(Christina Olson)이었다. 아마도 그녀의 소박한 꿈은 언젠가 벌떡 일어나 저 언덕 위를 단숨에 올라가는 자유(능력)를 얻는 것이었으리라. 우리에게는 너무나도 쉬운 일이 그녀에게는 결코 쉽게 도달하지 못하는 절실한 꿈일 수 있다.

과연 인공지능은 크리스티나의 꿈을 구현시켜 줄 수 있을까? 인공지능이 아무리 만능이라고 하더라도 그녀에게 벌떡 일어나 단숨에 언덕을 뛰어오를 능력을 부여할 수는 없을 것이다. 가능한 현실적인 방법을 생각해봐야 한다. AI 자율주행 휠체어를 만들어주기 또는 AI로 움직이는 외골격 슈트를 입혀주기는 어떨까? AI 프로젝트를 위해 현실적 목표로 문제를 정의하는 것이 가장 중요하다. 이는 사람이 해야 한다.

먼저 AI 프로젝트를 만들기 위해서 'AI싱킹(AI Thinking)'이 필요하다. AI싱킹은 기본적으로 컴퓨팅 사고에 뿌리를 두고 있지만, 한발 더 나아가 문제를 해결하는 과정에서 인간이 기계학습 알고리즘의 도움을 받는 것이다. 사실상 휴먼-기계의 협력을 의미한다. 다시 말해서 컴퓨터에게 인간의 뇌 구조를 반영한 AI 알고리즘을 적용하여 최적의 문제 해결 전략을 짜고 숨은 인사이트를 발견하는 것이다(여현덕, 『AI싱킹과 협업지성』, 2024).

다음은 '인간과 AI의 상호 작용'이다. 인공지능으로 크리스티나를 돕는 작업에는 데이터 수집에서 모델 적용까지 인간의 일과 AI가 할 일이 지속적으로 결합된다. 인간은 문제 정의, 데이터 관리, 알고리즘 선택, 모델 설계, 검증, 개선 등을 수행한다. 인공지능은 데이터 처리 자동화, 모델 학습 및 검증, 실시간 모니터링, 그리고 최적화 등의 작업을 수행한다.

인간과 기계의 협업
_ Copilot

이처럼 인간과 AI의 협업을 통한 상호작용은 (AI+인간의) '협업지능(CQ : collaborative intelligence)'을 창출할 수 있다. 인공지능이란 원래 마켓팅 용어였다. 현실에서는 순수 인공지능은 없다. 인공 '기능' 기계에 (인간과 동일한) 진짜 '지능'이 있다는 사실이 입증된 적도 없다. 모든 인지 기계(소위 'AI')는 사람에 의한 데이터 셋팅-모델기획-검증과 보완을 통해서 구현되고, 인간의 지혜와 기계의 데이터 통찰력이 결합되는 CQ가 존재할 뿐이다.

인공지능이라는 용어를 처음 만들어낸 1956년 당시 다트머스 워크숍
_ IEEE Spectrum

 CQ는 인간의 창의성과 도메인 지식의 중요성을 전제로 한다. AI는 데이터 통찰력을 제공할 수 있지만, 결정은 만물의 영장인 사람이 내려야 한다. CQ를 통해서 인간의 지혜와 통찰력을 결합해야 한다. 인공지능이라는 용어가 생겨난 1956년 당시 다트머스 회의를 돌이켜 보면, 당시에 존 매카시(John McCarthy), 마빈 민스키(Marvin Minsky), 클로드 섀넌(Claude Shannon) 등 10명의 학자들이 모였는데, 대부분 'Artificial Intelligence'라는 용어 사용에 주저했다. 그 이유는 '인공'이라는 말의 부정적인 뉘앙스, 기술적 역량의 한계, AI에 대한 과도한 기대에 대한 우려, 그리고 '지능'이라는 용어에 대한 철학적인 논란이었다. 이런 쟁점은 오늘날에도 여전히 해소되지 않고 있다. 그럼에도 AI라는 용어를 사용하게 된 것은 당시 회의를 주최한 존 매카시의 주도권이 작용하였기 때문이다. 그는 용어의 마케팅적 가치 등을 고려하여 밀어붙

였다.

실제로는 휴먼-머신이 함께 만들어가는 CQ가 더 적절한 용어다. 인간과 기계가 함께 만들어가는 '협업지능'은 현실을 반영한다. 크리스티나를 돕기 위한 AI 자율주행 휠체어를 만들어가는 과정에서도 협업 지능은 충분히 입증되는데, 대략 다음과 같다.

첫째, 인간은 AI 시스템이 해결하려는 문제를 정의하고, 프로젝트(AI 자율주행 휠체어)를 기획한다. 하드웨어와 소프트웨어 설계와 윤리·보안 정책 수립도 고려한다. AI 프로젝트가 실패하는 경우는 기술력 부족 때문이 아니라 불명확한 문제정의, 아이디어 부재, 그리고 비효율적인 프로젝트 관리 때문인 경우가 많다.

둘째, AI 모델 학습을 위한 데이터 수집과 준비에는 인간의 개입이 필수적이다. 데이터 편향을 해결하고 대표성 있는 데이터셋을 확보하기 위해 인간의 감독이 필요하다. 전처리 과정에서 기계학습도 사용되지만, 데이터 품질을 높이는 과정은 주로 사람의 몫이다. 대규모 데이터 처리, 패턴 인식, 반자동 레이블링 등은 AI가 수행한다.

셋째, 모델 개발과 설계 단계에서 환경 인식, 최적 경로 계획 등 모델 학습과 자동 모니터링은 기계가 수행하지만, AI 알고리즘을 평가하고 매개변수를 조정하고 개선하는 일, 그리고 AI 모델을 운영 환경에 통합하고 법적 및 윤리적 기준에 맞추는 것은 모두 인간의 일이다.

넷째, 배포 및 운영 단계에서 기존 시스템과 AI 모델을 통합하고 사용자(크리스티나)의 피드백을 반영해 완성을 추구한다. 크리스티나를 위한 인터페이스 디자인은 사람이, 음성 인식과 눈동자 추적은 AI가 담당한다. 인간은 안전 기준과 시스템을 설계하고, AI는 실시간 충돌 예측과 회피 시스템을 테스트한다. 시스템 업데이트 및 최적화 과정에서도 사람과 AI는 긴밀히 협력한다.

 이 순서는 사람과 AI의 협업을 보여주기 위해서 단계적으로 표현하였지만, 실제로는 많은 단계가 동시에 진행되거나 반복될 수 있다. 또한 사람과 AI의 협업은 프로젝트 전반에 걸쳐 지속적으로 이루어진다.

 크리스티나에게 AI 자율주행 휠체어를 만들어주는 예시를 통해서 인간과 기계는 지속적으로 협력하면서 CQ를 이룬다는 점을 보여주었다. 또한 CQ 속에서 인간은 인지능력과 창의적 사고를 계속 높여나갈 수 있다. 그리하여 기계가 인간을 대체하는 시대가 아닌 상호 긴말한 협력 속에서 AI와 인간이 함께 발전하는, 좋은 방향으로 나아갈 수 있다.

 협업지능(CQ)이 없는 AI는 인간이 불필요하다는 뜻이다. 안 그래도 오늘날 사색 없이 AI에 무조건 맡겨버리는 '사고의 의존성'은 우려를 자아내고 있는 터이다. AI 알고리즘이 복잡하다고 AI 출력물을 맹목적으로 신뢰하는 경향(Miller, Stanford HAI, 2023)은 인간의 인지적 게으름을 초래하여 창의적 문제 해결 노력을 소홀히 하게 된다(Harvard Business School's Working Paper, 2023.9.22.). 인간의 인지능력이 저하되면 인간은 AI로 대체되기 쉽다.

 인간과 AI는 상호 '부족한 중간(missing middle)'을 채워준다. 훈련-설명-지혜는 인간의 강점이고, 연산-증강-반복은 AI의 강점이다. 크리스티나 사례에서 보듯이, AI 시스템은 CQ 속에서 가장 아름다운 빛을 발휘할 수 있을 것이다.

인간과 AI :

감성 인공지능 2AI

인간은 간혹 감정이 격해지면 이성의 스위치가 꺼지곤 한다. 우신예찬(愚神禮讚)으로 잘 알려진 르네상스 기 사상가 에라스무스는 인간의 감성은 이성보다 압도적으로-대략 24대1 정도로-강력하며, 분노와 욕망이 연합하면 '지성의 신(神)'에 대항할 강력한 폭군이 된다고 묘사했다. 그는 지성이 감정과 욕망에 대하여 얼마나 우월한 통제력을 갖느냐에 따라 개인의 삶은 크게 좌우된다고 보았다.

우리 인간은 주체할 수 없는 격정이 두려워서 냉철한 '인지기계(즉 인공지능)'를 만든 것일까? 감정을 제거하면 인간의 의사 결정은 더 합리적이고 완벽해질까?

『데카르트의 오류』를 쓴 뇌과학자 안토니오 다마지오(Antonio R. Damasio)는 버몬트에서 있었던 청년 피니아스 게이지(Phineas P. Gage)의 두뇌 손상 사고를 관찰하면서, "감성이 선택의 행선지를 표시한다"는 '신체 표지 가설(Somatic Marker)'을 내놓는다. 25세의 청년 피니아스 게이지는 유능한 리더였다. 훤칠한 키에 건장한 체격을 가졌을 뿐만 아니라 우아한 행동으로 동료들 사이에 인기가 높았다. 어느 날 그는 터널 공사 감독 중 사고로 쇠파이프가 두개골을 관통하는 사고를 당했다. 다행히 생존했으나 감정 기능에 심한 손상을 당했고, 우아한 행동과 품격은 사라지고 거친 언사와 행동만 남아 주변을 놀라게 했다. 감정 기능이 손상되면 합리적인 결정을 내릴 수 없게 된다는 이야기다. 다마지오는 신체적 감성이 없으면 결코 이성도 없다는 결론에 이르렀고, 감성에서 분리된 이성을 '데카르트의 오류'라고 명명했다. 오늘날 인공지능의 딜레마는 바로 여기에 있다.

감정을 이성보다 불안정한 요소로 간주한 데카르트 _ Copilot

인공지능은 인지적 존재("나는 생각한다. 고로 나는 존재한다.")와 감성적 존재("나는 느낀다. 고로 나는 존재한다.") 사이에 어디쯤 있을까? 인공지능은 인간에게 최상의 연산 능력과 스피드를 보강해주고, 데이터와 연산에 기반한 인지능력 증강에 열중한다. 하지만 감정과 격정이 완벽히 배제되고 분리되어 마찬가지로 '데카르트의 오류'에 빠지게 된다.

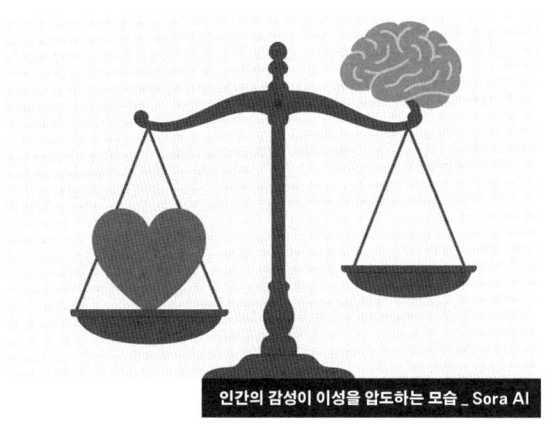

인간의 감성이 이성을 압도하는 모습 _ Sora AI

헤르만 헤세의 『나르치스와 골드문트』(지와 사랑)에는 '순수 이성'을 가진 성직자와 '순수 감성'을 가진 예술가를 대별시키고 있는데, 현실에서는 대개 두 요소가 공존한다. 예술을 사랑하는 성직자도 있고, 신앙심이 깊은 예술가도 존재한다. 그렇다면 결국 인공지능도 감성과 완벽하게 분리된 세상을 꿈꾸기보다는 감정과 이성이 그물처럼 얽혀 있는 인간 세상을 전제로 모델을 세우는 것이 현실적이지 않을까?

현재까지 인공지능은 인지능력 강화에 치중하고 있지만, 감성에 대한 미련을 버리지 못했다. 인공지능의 선구자 마빈 민스키(Marvin Minsky)는 인공지능을 '생각하는 기계'로 정의하면서도 "기계가 아무런 감정이 없이 지능을 가질 수 있느냐"고 반문하며 '감성 기계(emotion machine)'로의 가능성을 열어놓았다. 같은 맥락에서 인공지능의 3대 천왕으로 불리는 뉴욕대 얀 르쿤(Yann LeCun) 교수는 "감정은 지능의 일부"이며, "감정 없이 지능을 갖는 것은 불가능하다"고 강조한다. 이후 MIT 미디어랩 로자린드 피카드(Rosalind Picard) 교수는 '감성 인공지능(Affective AI)' 기술로 감정을 프로그래밍하는 방법론들을 개발하여 산업 현장에 적용할 수 있는 스타트업들을 내놓고 있다. 대표적인 사례가 이집트 출신의 제자 라나와 함께 보스톤에 설립한 감성 AI 주식회사 어펙티바(Affectiva)이다. 어펙티바는 운전자의 상태와 탑승자의 경험을 모니터링하여 도로 안전과 탑승자의 경험을 개선하고자 하였다. AI로 수면이 부족한 운전자를 위해 차가 중앙차선을 유지하도록 하거나 주의가 산만해진 운전자의 속도를 조절케 해준다.

　인간의 감정에는 사랑, 놀라움, 기쁨, 분노, 슬픔, 두려움 등 수백 가지의 스펙트럼과 잠재적 신호가 있다. 일부는 단어를 통해, 일부는 제스처를 통해, 또 일부는 목소리를 통해 전달된다. 마찬가지로 MIT 미디어랩에서 생겨난 코기토(Cogito)라는 회사는 목소리를 인공지능 기술에 녹여서 감정을 분석한다. 코기토는 콜센터 상담원이 고객 상담을 할 때, 음성분석을 통하여 전화 톤을 조절할 수 있게 도와준다. 또한 감성 AI는 정서적으로 경직되어 있어 의사소통이 어려운 자폐증 환자에게 디지털 인터페이스(SimSensei Kiosk)를 제공하여 표정이나 미묘한 신체 언어를 포착할 수 있게 해준다. 그 밖에도 바이오에센스는 웨어러블을 사용하여 스트레스나 통증을 감지하고 대응하도록 향기를 방출해주기도 한다. 이같이 감성 AI는 의료, 교육, 안전, 돌봄, 소통, 동기 부여 및 감정 조절, 그리고 우울증 진단 등에 적용된다. 이런 맥락에서 디지털 치료제가 미국식약청의 승인을 획득했다는 것은 매우 고무적이다.

챗GPT가 언어에 대한 감성과 맥락 지능을 고려하듯이, 앞으로 인공지능은 인지능력 극대화만 아니라 인간의 감성을 포용해야 할 고민을 안고 있다. 감성AI 그 자체가 윤리적 표준을 가진 인간을 롤모델로 알고리즘을 짤 수 있다면 강(强) 인공지능에 대한 두려움이나 AI윤리에 대한 우려도 사라질 것이다. 스탠포드대 에릭 브리놀프슨(Erik Brynjolfsson) 교수는 인공지능 기술이 인간의 분석적인 두뇌뿐만 아니라 사회적 두뇌/뉴런을 연결해야 할 것으로 보았다. 이런 열망을 담아서 존 헤븐스(John Havens)는 '심장이 뛰는 감성 인공지능(Heartficial Intelligence)'을 출판하기도 했다.

여기서 상상력을 하나 더 추가해보자! "감성AI" 모델은 속마음을 읽는 알고리즘도 개발할 수 있을까? 우리는 살아가면서 사람의 진짜 속마음을 모르는 경우가 허다하다. 아무리 성능이 좋은 MRI도 마음을 꿰뚫어 보지는 못하기 때문에, 예를 들어 표정을 잘 관리하면 좋은 사람이 되기도 하고, 겉으로는 웃으면서 예리한 칼이나 총을 지니고 다니는 것도 가능하다. 마음을 철저히 숨기고 분노를 삼키면서도 미소를 짓는 후흑학(厚黑學)의 달인이 신사로 인식되기도 한다.

생떽쥐페리의 『어린 왕자』 중에서

생떽쥐페리의 『어린 왕자』에 이런 구절이 나온다.

"세상에서 가장 어려운 일이 뭔지 아니?"
"흠 글쎄요. 돈 버는 일? 밥 먹는 일?"
"세상에서 가장 어려운 일은 사람이 사람의 마음을 얻는 일이란다. 각각의 얼굴만큼 다양한 각양각색의 마음을. 순간에도 수만 가지의 생각이 떠오르는데, 그 바람 같은 마음이 머물게 한다는 건, 정말 어려운 거란다."

감성인공지능(Affective AI)에는 A가 두 개다. 그래서 "2AI"로 부르고자 한다. 흉흉한 시절에 진짜 "2AI"를 상상해본다. 말이나 표정뿐만 아니라 진짜 속마음까지 꿰뚫어 보고 읽어내는 "제2의 카메라, 2AI"는 언제쯤이나 가능할까?

'가을의' 채식주의자와 AI 할루시네이션

'독서의 계절'_ Copilot

가을은 독서의 계절. 생성형 AI 챗봇에 '가을을 배경으로 한 소설 리스트를 알려달라'고 주문했다. 거기에는 2024년 노벨문학상을 받은 한강의 『채식주의자』를 포함하여 『노르웨이의 숲』(무라카미 하루키), 『앤 셜리』(루시 모드 몽고메리), 『가을의 전설』(짐 해리슨),

『리스본행 야간열차』(파스칼 메르시어), 『추억의 빛깔』(리차드 예이츠), 『무정』(이광수), 『나무들의 속삭임』(신경숙), 『타인의 방』(최인호) 등이 소개되었다.

이어서 "한강의 소설 『채식주의자』에서 가을은 어떻게 묘사되었는가?"라고 다시 질문을 던졌다. 생성형 AI 챗봇에는 "소설 『채식주의자』는 아름다운 가을 풍경을 통해 주인공의 삶과 감정을 풍부하게 표현합니다"라고 답하면서 친절하게 출처(sports.chosun.com)를 알려준다(마이크로소프트 코파일럿). 그런데 막상 그 출처를 검색하면 거기에는 이 소설의 배경이 가을이라는 설명이 어디에도 등장하지 않는다. 할루시네이션(hallucination) 현상에 의한 '헛소리'다. 어떤 AI 챗봇은 "『채식주의자』는 가을의 쓸쓸한 정서와 인간 내면의 변화를 섬세하게 그린 소설"이라고 답변했는데, 근거에 대해 다시 묻자, "죄송합니다. 배경 계절이 가을이라는 것은 잘못된 정보였습니다. 잘못 분류한 점에 대해 사과드립니다(엔스로픽의 클로드)"라며 스스로 오류를 인정한다.

한편, 챗GPT에서는 『채식주의자』 대신 최인호의 『타인의 방』을 가을 배경으로 한 소설로 분류하고 있는데, 가을이라는 근거를 대라고 질문을 던지자 "주인공이 도시 속에서 느끼는 소외감과 고독을 중심으로 진행되며, 가을의 쓸쓸한 분위기가 작품의 정서에 깔려 있습니다"라고 설명한다.

생성형 AI의 골칫거리 중 하나인 이른바 '헛소리' 또는 '환각(hallucination)'은 여전하다. 생성형 AI 챗봇의 답변은 그저 확률적으로 가장 유사한 말뭉치를 제공하는 '확률적 앵무새'에 불과해,

할루시네이션(앵무새의 헛소리)
_ Copilot

자기도 무슨 말을 하는지 모른다. 이로 인해, 사용자가 챗봇이 안내한 웹사이트를 참고하여 결정을 내렸다가 손해를 입고 배상 책임 문제가 발생하는 사례가 종종 발생하고 있다. 그렇다면 AI 모델에서 할루시네이션으로 인한 오류를 어떻게 줄일 수 있는가?

먼저 '검색증강생성(RAG: Retrieval-Augmented Generation)' 기법이 있다. RAG는 마치 시험을 볼 때 위키피디아나 오픈 북을 사용하는 것과 비슷한 원리다. 예상 시험 문제와 답이 들어 있는 노트나 관련 교과서를 참고해 필요한 정보를 바로 찾아 답안을 작성할 수 있다. RAG는 질문과 관련된 최신문서나 웹페이지에서 실시간으로 검색하여 답안의 신뢰도와 정확도를 높여준다. 기존의 방대하게 학습된 정보(온갖 정보의 쓰레기장)에서 답을 찾아내는 방식이 아니라, 관련된 외부 데이터베이스나 문서를 실시간으로 연결하여 답변을 생성하는 방식이다. 예를 들어 RAG 방식을 사용해 채식주의자의 계절 정보를 물어보면, 관련된 서적 또는 뉴스로부터 최신의 정보를 검색하여 제공하므로 정확도는 높아진다.

챗봇 모델 _ Copilot

또 다른 해법으로 소형 언어 모델(SLM: Small Language Model)이 있다. 대형 언어 모델(LLM)은 다양한 출처에서 얻은 방대한 정보를 바탕으로 답변을 제공하기 때문에 헛소리 답변이 자주 발생할 수 있다. 반면, 소형 언어 모델(SLM)은 특정 도메인에 특화하여 학습시키면 불필요한 정보를 줄이고 맞춤형 응답을 제공할 수 있다. 예를 들어, 세계의 지식을 모두 담은 방대한 도서관에서 정보를 찾기보다 특정 주제만 다루는 전문 서적이나 사전을 이용하면 정보의 신뢰도와 정확도가 높아지는 이치다. SLM은 매개변수 크기가 작아 특정 도메인에서 더 효율적으로 작동하고, 작업에 맞춰 최적화할 수 있다. 데이터 처리 속도가 빠르고 실시간 응답이 가능하며, 모바일 환경에서도 원활히 작동할 수 있어 개발 및 유지 비용을 크게 줄일 수 있다.

이 밖에도 인간 피드백 기반의 강화 학습(RLHF: Reinforcement Learning from Human Feedback)은 헛소리를 줄이는 데 유용하다. 인간 피드백을 기반으로 강화학습을 진행함으로써 사실에 맞지 않거나 관련성이 낮은 정보 대신 정확하고 관련성 높은 응답에 보상을 주어 성능을 개선할 수 있다. 또한, 도메인 내 신뢰할 수 있는 특정 데이터 세트를 기반으로 모델을 미세 조정하면 일관성과 정확도가 높아진다. 도메인 특화 미세 조정과 RLHF를 함께 적용하면 헛소리를 줄이고 더 신뢰할 수 있는 정보를 제공할 수 있다.

'독서의 계절'_ Copilot

헛소리가 노벨상 수상작이나 문학 작품에서 나타나는 것은 '세종대왕 맥북 던짐 사건'처럼 웃고 넘길 수 있다. 하지만 이런 오류가 의료, 금융, 국방, 법률 등과 같은 분야에서 발생하면 인명이나 재산에 치명적인 결과를 초래할 수 있다. 그런 분야들은 한 치의 오류도 허용될 수 없는 영역이다. 앞서 보았듯이 여러 해법이 있지만, 전문적인 지식이나 통찰력을 가진 '인간의 피드백'은 언제나 귀중하다. 인간은 늘 사색하고 학습하면서 남다른 통찰력과 전문성을 키워왔다. 적은 정보만 줘도 창의적으로 문제를 해결하는 만물의 영장이다. RAG(검색증강생성), SLM(소형 언어 모델)과 같은 새로운 해법을 생각해내는 것은 바로 AI가 아닌 인간이다. 인간의 사색은 'AI 할루시네이션'을 줄이는 원천적인 힘이다.

 인류는 오랫동안 사색하기보다는 검색에 의존해 왔고, 이제는 검색조차 귀찮아져 인공지능 프롬프트를 통해 명령하는 시대에 접어들었다. 그러나 독서의 계절인 가을에는 검색이나 명령보다 깊은 사색이 더 잘 어울리지 않을까? 인공지능이 아무리 발전하더라도, 사색하는 인간의 향기와 그 가치는 언제나 위대하다.

인공지능 역사,
AI의 겨울
vs
AI의 가을

AI의 겨울 _ Copilot

　AI에 대한 열기는 식을 줄 모른다. 그럼에도 일각에서는 'AI의 겨울'이 다시 올 것이라고 우려한다. 투자 대비 성과가 미미하여 투자자들의 불안이 고개를 들고 있기 때문이다. 최근 마이크로

소프트 실적 발표 후, 생성형 AI 투자의 타당성 논쟁이 촉발되었고, 수익 창출에 대한 회의론이 증시를 강타했다. 구글, 메타, 아마존 등 테크기업들에게도 질문이 튀었다.

인공지능에 다시 겨울이 오는가? 되돌아보면 AI의 겨울은 AI 기술력의 한계, 과도한 기대와 열기의 냉각, 투자자금의 중단 등이 겹치면서 불황기를 맞을 때 왔다.

1940년대 뉴런 개념과 튜링 사고법을 이어받아, 1950년대 앨런 튜링이 '컴퓨팅 기계와 지성'을, 프랭크 로젠블라트가 '퍼셉트론'를 발표했다. 2차대전에서 독일의 암호를 해독한 튜링 머신에 더하여 딥러닝의 맹아라고 할 수 있는 퍼셉트론이 등장하자 언어 번역, 지문 인식, 투자 결정, 나아가 인간을 닮은 일반지능의 길이 열렸다는 등의 장밋빛 전망이 쏟아졌다. 많은 투자가 이뤄졌지만 기대 만큼의 성과는 없었다. 1969년 MIT의 민스키, 페퍼트 두 교수가 퍼셉트론의 한계를 지적하자 AI에 대한 열기는 빠르게 식었다. 투자금도 멈추었다. 이때부터 1980년까지 인공지능은 첫 번째 겨울을 맞았다.

1980년대 '전문가 시스템'의 등장으로 AI에 다시 봄이 찾아왔다. 특정 분야 전문 지식에 대한 데이터베이스를 기반으로 문답할 수 있는 AI 시스템이 개발되자 사람들은 신기하게 생각했다. 인간에 직접 입력한 규칙에만 작동하던 AI였지만, 세간의 관심을 끌었고 자금 지원도 받을 수 있었다. 그러나 전문가 시스템은 비용 과다, 적용 영역의 제한 등으로 난관에 봉착했다. 그러던 중 1980년대 후반 개인용 컴퓨터가 빠르게 보급되면서 전문가 시스템은 설 땅을 잃었다. 그렇게 '두 번째 AI의 겨울(1987-1993)'을 맞았다.

1990년대 후반 IBM의 딥 블루가 체스 챔피언을 꺾으면서 AI의 불씨가 살아났다. 게다가 인터넷이 발달하면서 스스로 규칙을 찾아 학습하는 머신러닝의 시대가 열렸다. 또한 2000년대 들어 심층신경망이 GPU(그래픽처리장치)를 만나면서 웹에서 수집한 대량의 데이터를 활용하자 효능은 높아졌다. AI는 사람이 못 본 규칙을 찾아냈다. 나아가 2012년 이미지넷 딥러닝, 2014년 GAN 모델, 2016년 알파고, 2017년 트랜스포머, 그리고 2022년 이후 챗GPT 생성형 AI시대가 열리면서 언어 번역, 패턴 분석, 맥락 파악, 스타일 전환, 멀티모달(이미지, 음성, 텍스트) 등 여러 면에서 다재다능해졌다. AI 기술은 대규모 투자에 힘입어 질주하고 있다. 호랑이의 등을 탄 형세(騎虎之勢)다. 멈출 수 없다. 그런데, 왜 새삼 'AI의 겨울'이 언급되는 것일까?

호랑이 등에 탄 인공지능 _ Copilot

그 우려의 진원지는 바로 월가이다. AI에 대한 과잉 투자 우려다. 엔비디아의 주가는 2023년에만 239% 상승했다. AI 칩 수요의 급격한 상승이 언제까지 지속될까에 대한 의문이 제기되는 가운데 AI 관련 자산 규모가 급상승하고 있다. 개인 투자자들의 AI에 대한 열기에 더하여, AI 스타트업들에 대한 벤처캐피털 투자도 그 열풍만큼 증가하고 있다. 2024년 미국 AI 스타트업들은 전년도 대비 57% 더 많은 투자금을 유치했다(NYT 2024년 7월 3일). 전통 기업들도 저마다 'AI로의 전환'을 선언하면서 주가 상승효과를 보고 있다. 전문가들은 이러한 전환이 실제 기업 성장에 얼마나 도움이 되는지 의문을 제기하고 있다. 캐피털 이코노믹스의 닐 시어링(Neil Shearing) 수석 이코노미스트는 최근 "인공지능에 대한 열광에 힘입어 월가에 거품이 부풀어 올랐고 향후 얼마간 미국 주식이 다른 나라 주식을 계속 능가할 것으로 예상된다"고 밝혔다. 그러나 일각에서는 결국은 AI 버블이 터질 것이라고 내다보면서 AI에 겨울이 올 것이라고 경고하고 있다. 호황은 영원히 지속되지 않을 것이기 때문이다.

지난 역사를 반추해볼 때, AI의 겨울은 열기가 식고 투자의 불길이 꺼지는 기간에 발생했다. 현재는 투자와 기술개발이 지속되고 있다. 구글 등 주요 테크기업들은 AI에 수백억 달러를 증액하여 AI 모델 개발, 컴퓨팅 파워 확대, 데이터 센터 구축, 이를 위한 부동산 확보 등에 투자하고 있다. 마이크로소프트는 100배 규모의 슈퍼컴퓨터를 구축 중이다. 메타 CEO 저커버그는 과잉 투자가 과소 투자보다 더 낫다고 말한다. 2030년까지 빅테크 기업들은 AI에 1조 달러(약 1,360조원) 이상을 투자할 것으로 전망된다(블룸버그, 번스타인 보고서 등). 전문가들은 기술개발과 인프라 투자에 더 많은 시간이 필요하다고 입을 모은다.

AI의 가을 _ Copilot

아직 AI의 열기는 여전하다. 그런 점에서 현재의 'AI 겨울 논쟁'은 과거와는 결이 달라 보인다. AI의 겨울을 거치면서 현재 수준까지 오는 데는 오랜 세월이 걸렸다. 또다시 AI의 겨울을 맞을 수는 없다. 투자에 비례하여 기술은 발전한다. 빅테크 그룹은 물론이고 오픈AI, 앤트로픽, 미스트랄, 리벨리온, 업스테이지, 딥엑스 등 국내외 스타트업들도 투자금에 힘입어 불을 피우고 있다.

AI 기술의 발전은 꺼지지 않는 불씨다. 투자는 불씨를 살리는 현실적인 에너지가 된다. 인공지능은 다재다능한 재주를 부리면서 쉼 없이 발전하고 있다. 기술이 성숙 단계에 접어들면 현실적인 사업에 응용이 가능해지고, 동시에 다양한 기회도 생겨난다.

새로운 혁신을 향해 달려가는 길에 넘어지지 않게 돌봐야 한다. 열매를 감싸고 있는 껍질은 단순한 껍데기가 아니다. 과실의 성장과 보호에 필요하다. 입추를 맞으면서 필자는 'AI의 가을'을 상상해 본다.

꿀벌 :

일상에 스며든 AI 족과 함께 살아가기

Bees:
Living with the AI Tribe in
Everyday Life

Part 2

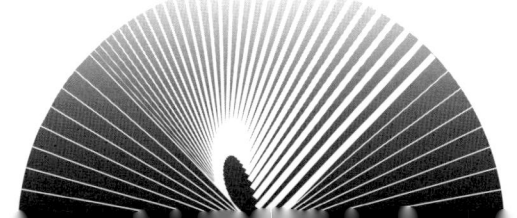

털복숭이
아기 반려동물과
휴니멀 인공지능

인간과 반려동물이 공존하는 휴니멀(hu+nimal)의 시대다. 요즘은 반려동물이 '털복숭이 아기'로 인식되지만, 수만 년 전 처음으로 늑대가 인간에게 다가오면서 점차 개로 길들여졌다고 한다. 늑대는 사냥에서 남은 음식물을 얻을 수 있어서 좋았고, 인간은 늑대를 사냥에 데려갈 수 있어서 좋았다.

오늘날 인공지능을 매개로 하여 인간과 반려동물은 더욱 가까워지고 있다. 인공지능으로 교감과 돌봄의 상호관계가 크게 높아지고 있다. 반려동물에게도 돌봄은 즐거움을 주지만, 인간에게도 돌봄은 행복감과 아울러 혈압 감소, 인지 기능 향상 등 많은 이점을 제공한다. AI 시대의 반려동물은 어느 일방에 의한 '대상화'가 목적이 아니라는 상호 교호작용을 통해서 공존해간다는 의미로 필자는 '휴니멀 AI'로 명명하고자 한다.

전 세계적으로 8억 이상의 반려동물이 존재한다. 인공지능과 로봇 공학은 케어, 식품, 의료 등 휴니멀 산업에 일대 혁명을 일으킬 수 있는 잠재력을 가지고 있다. 휴니멀 산업은 오늘날 AI의 도움으로 폭팔적으로 증가추세에 있으며, 인간과 동물 상호간에도 과거 어느 때보다 높은 감성 포착 능력을 보이고 있다.

블룸버그 인텔리전스(Bloomberg Intelligence)는 2030년까지 세계 반려동물 산업은 5천억 달러에 이를 것으로 전망했다. 앨리 파이낸셜(Ally Financial)의 최근 설문조사에 따르면 반려동물을 키우는 부모들은 아이들에게만큼 많은 돈을 반려동물에게 쓴다고 밝혔다. 사람들은 반려동물을 위해 새로 첨단 제품이 나오면 기꺼이 구입한다.

인공지능은 근래 휴니멀 기술 혁신의 최전선에 서게 되었다. 휴니멀 AI 덕분에 반려동물은 건강과 안전이 개선되고, 인간은 삶의 질이 높아지게 되었다. AI 로봇, 장난감, 스마트 목걸이, 자동 화장실 청소기 등 각종 휴니멀 AI 기술이 등장하고 있다. 짖는 소리 번역기, 가상 반려동물 체험 등 새롭고 혁신적인 기술이 쏟아지고 있다. 아래에서 몇 가지 유형을 소개하고자 한다.

❶ 스마트 목거리

반려동물의 목걸이에 인공지능 스마트 센서(GPS와 건강 추적)를 부착하여 멀리서도 반려동물의 상태를 추척하여 최적의 보살핌이 가능하다. 반려동물이 길을 잃고 헤매고 있을 경우 스마트 목거리로 인해 즉시 신고가 가능하다. 위치는 물론이고 온도, 호흡, 맥박, 식욕, 수면, 심장, 스트레스 등 여러 생체 신호를 추적한다.

반려동물 AI _ Copilot

❷ 배변과 증상 감지

앱 연동으로 반려동물의 배변 상태를 분석하여 소화 문제에 경고를 줄 수 있으며, 수백만 개의 이미지 데이터베이스와 비교하여 어떤 임상 증상이 감지되는지 분석한다. AI는 반려견의 움직임과 특이한 행동을 모니터링하여 피부 질환, 관절염, 비만 등 건강 상태를 파악할 수 있다. AI를 통해 반려동물의 움직임을 추적하고 스마트폰으로 제어할 수 있다. 증상에 대한 요약본은 수의사에게 공유된다.

❸ 스마트 피더

사용자의 요청에 따라, 식사 시간 설정, 적절한 양 예약, 사료 부족 감지 및 구매 알림 기능이 작동된다. 또한 쿠폰 및 할인 제공, 식습관 모니터링, 비정상적인 상황 경고 기능이 포함되어 있다. AI

기반 기술을 통해 수의학 검진 필요성을 알려준다. 스마트 피더는 모바일 장치와 연동되어 원격으로 제어할 수 있다.

❹ 구역 통제 및 자동문 단속기

스마트 센서, 에지 컴퓨팅, 지능형 레이저로 움직임을 추적할 수 있어서 주인이 외출한 뒤 애완동물이 접근하면 자동으로 문을 열어주고, 지정된 구역을 벗어나면 알려줄 수 있다. 또한 날씨 밀봉 기능이 있어 악천후에도 보호기능을 수행한다. 휴니멀 에어컨은 반려견의 종류와 품종에 따라 최적의 설정 온도를 계측하여 찬 공기를 제공한다.

반려동물 _ MS Bing

❺ 온디맨드 반려견 산책 기술

AI로 구동되는 앱은 반려견의 이동 경로, 산책 시간 추적, 화장실 휴식 등의 서비스를 제공한다. 기계 학습을 통한 진단 영상 분석은 식별과 판단을 도와준다. 카메라를 통하여 수의사와 직접 연결할 수 있다. AI는 먹고 마시는 행동을 모니터링하고 이상을 감지하여 수의사에게 즉각 알릴 수 있다.

❻ 스마트 놀이 로봇

놀이 로봇은 사람 대신 반려동물과 놀아주어 지루함과 외로움을 달래준다. 로봇에는 간식을 제공하는 자동 급식기가 있어 주인이 외출할 때도 굶지 않는다. 동시에 간식, 건강 모니터링, 훈련과 같은 다양한 기능을 제공하므로 즐거운 동반자가 될 수 있다. 또한 식습관과 건강 일지를 통하여 불규칙성을 개선할 수 있다. 반려동물이 탁자에 뛰어오르거나 신발을 씹는 등 주인이 없는 동안 보이는 특이 사항을 자세히 알려주는 '반려동물 다이어리' 기능도 도입했다.

❼ 반려동물 커뮤니케이션(번역기)

개나 고양이의 얼굴 신호와 표정, 짖는 소리 번역기도 나왔다. 고양이의 울음소리를 11개의 일반적인 의도로 분류하여 감성을 해석해주는 미야오톡(MeowTalk)은 수의사와 함께 고양이 발성을 훈련시켰다. AI는 휴대전화에서 캡처한 소리를 분석하고 고양이의 야옹 소리를 인식하여 인간의 언어로 해석한다. 번역기 개발자들은 지난 수년간 2억 6천만 개 이상의 고양이 발성을 수집했다고 한다. 또 다른 예로, 강아지의 언어를 인간의 언어로 번역하는 알고리즘도 개발 중이다. 앞으로 고양이, 말, 소 등 농장 동물들 및 야생 동물들의 의사소통도 연구할 계획이다(Zoolingua).

❽ 스마트 토이

인간과 감성적 교감 및 힐링 효과를 주는 AI 강아지는 정말 귀엽다. 복슬복슬하고 귀여운 털 뭉치에 까만 두 눈동자는 실제 같은 손바닥 크기의 강아지(Moflin)인데, 정서적 교감에 만점이다. 낑낑거리는 앳된 소리, 꼼지락거리는 움직임에 심장 박동까지 느껴진다면? AI 강아지 모플린은 실제 동물처럼 반응한다. 자신이 대우받는 방식에 반응하는 '감정 모델'로 만들어져 정서적 연결과 교감을 촉진한다. 행복, 불안, 슬픔 등 교감이 가능하여 불면증 치료 효과를 포함하여 '디지털 인지 행동 치료'에도 사용될 수 있다. 모플린은 세계경제포럼(World Economic Forum)과 두바이 미래 재단(Dubai Future Foundation)이 공동으로 주최하는 스마트 토이 어워드(Smart Toy Awards)를 수상했다.

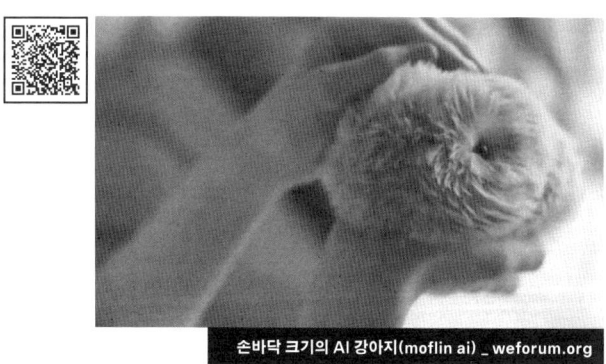

손바닥 크기의 AI 강아지(moflin ai) _ weforum.org

반려동물은 AI로 인해 '스마트 액세서리'로 전락될 수 있다는 주장도 있다. 미시간 대학교의 로봇 공학 교수 리오넬 로버트

(Lionel Robert)는 기술이 인간과 동물 간의 소중한 유대 관계를 분열시킬 수 있다고 비판한다. 하지만 잠재력도 상당하다. 휴니멀 AI는 반려동물을 위한 새로운 치료법을 개발하는 데 사용되지만, 사람들에게도 매우 유용하다. 휴니멀 AI는 반려동물의 건강과 유전학에 대한 귀중한 정보를 제공해줄 뿐만 아니라 행동 패턴이나 질병을 연구하는 과정에서 새로운 혁신기술이 등장하는 데 도움을 줄 수도 있을 것이다. 반려동물을 넘어서는 새로운 약물 및 치료법의 개발로 이어질 수 있다는 말이다.

『드림소사이어티』의 저자 롤프 얀센(Rolf Jensn)은 '인간의 감성 욕구를 자극하는 6개의 시장'을 언급한 바 있다. 오늘날 인간은 반려동물을 통해서 관심, 연대감, 친밀감, 마음의 평온, 우정과 사랑을 구하고 있다. 휴니멀 AI는 관심과 연대의 시장을 인간에서 반려동물로 확대·전환하고 있다. 인간보다 덜 까다롭고 프라이버시에서 자유로운 휴니멀 산업에서 훨씬 더 혁신적이고 유익한 AI 기술이 창조될 수도 있지 않을까?

치매 예방을 위한 톰봇 _ NBC News

외계에서 온
휴머노이드 불칸(Vulcan)

'AI족'과 함께 살아가는 법

불칸 _ Copilot

스타트렉에는 불칸(Vulcan)[2]이라는 외계 휴머노이드 종족이 등장한다. 불칸은 감정을 철저히 억제하며 논리와 이성을 최우선

---

[2] 영화 스타트렉에 등장하는 스파크(Spock)는 대표적인 불칸과 인간의 혼혈이다.

으로 여기는 철학을 따른다. 하지만 정신 교류(Mind Meld)라는 능력을 통해 타인의 기억이나 감정을 알아낼 수 있다. 평균 인간보다 높은 지능을 지니며, 뛰어난 수학적 사고력과 기술적 역량을 바탕으로 주로 과학자, 의사, 철학자로 활동한다. 오늘날 AI는 불칸처럼 인간의 언어를 학습한 결과, 우리의 일상 전반에 깊이 스며들고 있다. 이 '불칸 AI'는 블랙박스처럼 속을 알 수 없지만, 이제는 숙명처럼 인간과 함께 공존·협업하는 존재다. 그중 가장 영향력 있는 만형의 이름은 바로 'LLM(대규모 언어 모델)'이다. 이 종족은 알고리즘으로 학습되고, '토큰(단어의 조각)'을 기반으로 다음 단어를 예측하며, 무작위 확률에 따라 응답하기에 '확률적 앵무새'로 불린다. 하지만 AI는 인간보다 더 빠르게, 더 다양한 아이디어를 제시할 수 있어 업무 성과를 높이는 데 큰 도움이 된다. 글쓰기·그림·작곡 등 창작 분야나 심지어 의료·법률·시험 등 전문 영역에서도 탁월한 성능을 보인다. 가령, 암 진단의 경우, 인간 의사는 조금이라도 증상이 나타나야 인지하지만, AI는 무증상 단계에서도 감지할 수 있다.

필자는 AI를 '불칸'에 비유하지만, AI를 '외계 지능'에 비유한 에단 몰릭(Ethan Mollick)의 시각도 흥미롭다. 와튼스쿨 교수인 몰릭이 저술한 『공동의 지능: 인공지능과 함께 일하며 살아가기(Co-Intelligence: Living and Working with AI)』는 필자의 저서 『AI 싱킹과 협업 지성』(AI Thinking and CQ)과 거의 같은 시기에 출간되었다. 지구 반대편에 살며 한 번도 교류한 적이 없음에도 불구하고, 둘 다 AI의 본질을 '협업 지능'과 '공동의 지능'으로 규정하고 그 특성을 분석하고 협력 전략을 제안한 점은 매우 흥미롭다. 몰릭은 AI를 단순한 도구가 아니라 협업과 공동 지능의 파트너로 보자고 제안한다. 그는 AI를 코치, 교사, 동료처럼 일상에서 적극 활용함으로써 생산성과 창의성을 높일 수 있다고 강조한다. AI를 효율적으로 활용할 수 있는 방법을 정리해 보면 다음과 같다.

❶ **AI를 사람처럼 활용하기**(AI as a Person)

우리가 일상적으로 작업할 때 AI를 지속적으로 참여시키면, AI에 대한 이해가 깊어지고 교육, 업무, 창작 등 다양한 분야에서 그 능력을 직접 체험할 수 있다. 예를 들어, AI를 개인 튜터, 코치, 창작 또는 업무의 효율을 높이는 도구로 활용할 수 있다. AI는 지치지 않는 인턴처럼 일하지만, 때로는 어설픈 오류(hallucination)를 범하기도 한다. 이런 사실을 알고 활용해야 한다.

AI 동료 _ Copilot

❷ **동료로서의 AI**(AI as a Coworker)

AI를 동료처럼 대하되, 각자의 역할을 구분할 필요가 있다. 오늘날 거의 모든 직업에서 '인간의 일'과 'AI의 일'은 겹치기 시작했으며, AI로 작동하는 로봇이 도입되면 인간이 맡던 업무는 줄어들 수밖에 없다. 고임금, 고학력, 창의적인 직업도 AI의 영향권에서 자유롭지 않다. 앞으로의 업무는 ① AI가 완전히 대체할 수 있는 일, ② AI가 대체할 수 없는 일, ③ AI에 맡기되 인간의 검토가 필요한 일로 분류될 수 있다. 우리가 원하는 결과를 얻기 위해서는 직장에서 AI의 역할과 관점을 명확히 설정하는 것이 중요하다. 명확한 프롬프트를 제공할수록 더 나은 결과를 얻을 수 있다.

❸ 코치로서의 AI(AI as a Coach)

이 AI는 숙련도가 낮은 사람에게는 멘토가 되고, 전문가에게는 더 높은 성과를 유도하는 파트너가 된다. AI가 전문적인 결과를 제공할 수 있다면, 기본적인 업무와 반복적인 일은 AI에 맡기고, 인간은 창의력과 문제해결 능력 향상에 집중할 수 있다. AI 코치는 의사, 건축가, 작곡가 등 다양한 분야에서 생산성과 창의성을 증진하는 유능한 조력자가 될 수 있다. AI 코치 중 AI 튜터(AI Tutor)는 과거와 달리 낮은 비용으로 24시간 언제 어디서나 이용이 가능한 1:1 과외 교사다. 인간의 수준에 맞춰 개인 맞춤형 학습을 제공하고, 실시간 피드백도 가능하다. AI의 즉시성과 용이성으로 인해 '숙제 종말'이 예상된다. AI 튜터는 기존 교수법을 개선하고 '거꾸로 학습(Flipped Classroom)' 환경을 만들 수 있다. 즉 먼저 학습하고 학교에서는 문제해결에 집중하므로 능동적 학습이 구현될 것이다.

❹ **창의적인 AI**(AI as a Creative)

이 AI는 사용자 입력을 바탕으로 나름 창의적인 컨텐츠를 생성한다. 특히 LLM은 비연관된 개념을 무작위로 연결하거나, 다음에 등장할 확률이 높은 토큰을 예측하는 방식으로 응답을 생성한다. 그런 이유로 종종 오류를 의미하는 환각(hallucination) 현상을 낳기도 한다.

창조의적 AI _ Copilot

그럼에도 불구하고 AI는 인간이 1분 안에 장미꽃의 용도를 다섯 가지 정도 떠올릴 때, 100가지가 넘는 아이디어를 제시할 수 있다. AI라는 '버튼'은 인간의 일자리를 위협하기도 하지만, 반대로 역량을 강화해 일자리를 유지하거나 새로운 일자리를 창출하는 데 기여할 수도 있다.

현재의 기술 발전 속도를 고려할 때, AI는 장차 인간 지능을 뛰어넘는 AGI(범용 인공지능)로 진화할 가능성이 충분하다. 인간-AI

협업이 필수다. 인간-AI 협업 방식에 따라 공동 지능은 '켄타우로스' 유형 또는 '사이보그' 유형으로 분류될 수 있다. 켄타우로스 유형은 그리스 신화의 반인반마(半人半馬)처럼, 인간과 AI가 각각의 역할을 하면서도 상호 도움을 주는 협력 모델이다. 사이보그 유형은 인간과 AI가 실시간으로 완전히 통합된 형태다. 가령, 의사가 AI 진단 도구를 참고하여 최종 진단을 내리는 유형이 전자라면, 환자의 신체에 이식된 인공 심장이나 뇌-컴퓨터 인터페이스처럼 하나로 통합된 유형은 후자에 속한다.

켄타우로스 _ Copilot

'외계인 AI'는 이제 우리의 삶에 깊이 들어와 있다. 이제 AI는 인간의 동료일까? 코치일까? 혹은 창조의 조력자일까? 문제상황에 맞는 협력의 유형을 생각하고 협업의 지혜를 모색할 때다. 앞으로 인간은 AI와 협업하여 공존 전략을 모색함으로써 더욱 유능한 존재로 발전할 수 있을 것이다.

아름다움은 무죄인가?

그리스의 미인 프리네(Phryne), 법관, 그리고 인공지능

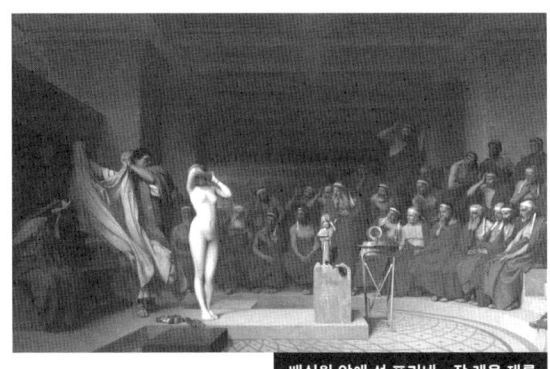

배심원 앞에 선 프리네 _ 장 레옹 제롬

그리스에서 미(美)의 여신상 비너스에 비견되던 프리네(Phryne)가 신성모독 혐의로 법정에 서게 됐다. 이는 당대 재력가 에우티아스가 자신의 구애를 거절한 그녀에게 앙심을 품고 고발했기 때문이다. 사형 선고 위기에 처한 그녀를 변호하기 위해 연인 히

페레이데스(Hyperides)는 엄숙한 법정에서 파격적인 변론 전략을 구사한다. 그는 그녀의 몸을 휘감고 있던 천을 벗기는 장면을 연출한다.

배심원들은 놀라움을 금치 못하면서 "저렇게 아름다운 여인은 신께서 내린 은총이기 때문에 인간의 법으로 판결할 수 없다"며 무죄를 선고한다. 이 사건은 "아름다움은 무죄다. 아름다운 것은 선하다"라는 고대 그리스 시대의 편견을 보여주는 사례인 동시에, 감성과 직관에 좌우되는 인간의 한계를 잘 드러내는 가장 고전적인 예라 할 수 있다.

'인간의 합리성'의 가정에 도전하여 2002년 노벨경제학상을 수상한 대니얼 카너먼(Daniel Kahneman)은 그의 저서『생각에 관한 생각(Thinking, Fast and Slow)』에서 가장 냉철하게 판단하고 이성적일 것 같은 판사들조차 무려 71.8%의 오답률을 기록했다고 설명한다. 그는 판사들이 이러한 오류에 빠지는 이유를 경험적·직관적 사고 시스템에 의존하기 때문이라고 분석한다. 대니얼 카너먼은 또한 동일한 사건을 놓고 '콩에서 팥까지' 너무나 분산된 판단을 내리는 현상을 분석한 책『노이즈(Noise): 생각의 잡음』에서 경험적, 직감적 사고 패턴에 의존한 판결을 비판한다. 가령, 축구 경기에서 자기가 좋아하는 팀이 진 다음에 판사는 더 가혹하게 판결하고, 자기 생일날에는 관대한 처분을 하며, 딸 바보인 판사는 딸 같은 여성에게 호의적인 판결을 하는 경향이 있다는 것이다. 카너먼은 미국 연방판사 208명을 대상으로 16개의 가상 사건을 맡겨보니 만장일치로 징역형이 내려진 사건은 3건에 불과했고, 동일한 사건에 대해 8.5년에서 무기징역까지 선고되었다고 한다. 충격적이지 않을 수 없다.

판사 _ Copilot

이는 저마다의 기준이 달라 결과에 분산[3]이 발생했기 때문이다. 동일한 사건을 두고 판사마다 다른 결론을 내려 A=무죄, B=5년 형, C=20년 형에 처한다면 정말 심각한 문제가 아닐 수 없다. 판결에서 법원과 판사마다 너무나 차이가 나고 일관성 없는 판단을 내린다면 이는 판결이 아니라 잡음, 곧 '노이즈'가 된다. 판사 자신이 이런 불공정하고 억울한 판결을 받았다면 과연 받아들일 수 있을까?

근래 사법에 대한 불신이 높아지면서 AI 판사에 대한 요구가 증가하고 있다. 취리히 연방공대(ETH)의 알렉산더 스트레미처

---

3 variability: 통계 용어로 변동성

(Alexander Stremitzer) 교수팀은 2023년 2월, '인간은 AI 판사를 신뢰할 수 있는가?'라는 질문을 던지며 6,000명의 미국 성인에게 설문을 해본 결과, AI가 사람보다 공평하게 판결할 것이라고 답했다. 이와 같은 현상은 우리나라에서도 마찬가지이다. 2024년 12월, 한국리서치가 성인 남녀 1,000명을 대상으로 조사한 결과에 따르면, 국민 10명 중 6명은 판결에 대해 신뢰하지 않으며, 10명 중 8명은 판사에 따라 판결이 달라진다고 응답했다. '만약 본인이 재판을 받게 된다면 인간 판사와 AI 판사 중 누구에게 재판을 받고 싶은지'를 묻자, 전체 응답자의 48%가 AI 판사를 택했으며, 인간 판사를 선호한 응답자는 39%에 그쳤다.

하버드 케네디 스쿨에서 발간한 'AI 판사 및 판결'에 관한 연구에서도 재판에 AI 시스템을 도입하는 장점을 다음과 같이 정리했다.[4]

첫째, AI 판사는 휴식이 필요하지 않기 때문에 24시간 쉬지 않고 일할 수 있어 인간 판사의 행정적 부담을 크게 줄일 수 있다. 2022년 기준으로 6만 건이 넘는 미결 사건을 남긴 잉글랜드와 웨일스의 형사법원(Crown Courts)의 사례를 들면서, AI는 법원의 효율성을 크게 높이고, 사건 적체를 줄이며, 표준화된 결과를 더 빠르고 저렴한 비용으로 제공할 수 있다고 분석한다.

둘째, AI 판사는 표준화된 알고리즘에 의존하므로 판결의 공정성을 높일 수 있다고 강조한다. 사람의 생사여탈권을 쥐고 있

---

[4] AI JUDGES AND JUDGEMENT: SETTING THE SCENE, Harvard Kennedy School, November 2023: https://www.hks.harvard.edu/centers/mrcbg/publications/awp/awp220.

는 판사가 자신의 주관적 경험, 이념, 그날의 기분에 따라 동일한 사건에 대해 법원이나 판사마다 다르게 판결할 경우, 사법에 대한 불신은 좀처럼 해소되지 않을 것이다. 반면, AI는 학습된 데이터에 기반해 일관되고 동일한 결과를 제공한다. 즉, 판독하는 판사가 다르더라도 결과의 변동성이 적어 일관성을 높이고 편향성의 오류를 줄일 수 있다.

이 밖에도 변호사를 고용할 여력이 없는 사회에서 일반 시민들이 더 쉽게 접근할 수 있는 AI를 활용한 사법 시스템을 제공할 수 있다는 장점도 있다. 물론 이 연구는 AI 시스템은 기본적으로 법원과 판사의 보조 행정 기능에 사용되어야 한다고 분명한 선을 긋고 있다.

인간 판사와 AI 판사 _ Copilot

사법에서 AI 시스템을 도입한 나라는 에스토니아, 미국, 영국, 캐나다, 호주, 중국, 싱가포르 등 점점 늘어나고 있다. 에스토니아와 미국에서는 로봇 판사를 시범 운영하고 있으며, 캐나다는 법률에서 AI를 점점 더 많이 사용하고 있다. 『하버드 법과 기술』 제36권 1호(2022년 가을)에 따르면, 법정에서 'AI 알고리즘'으로 작동되는 재판 시스템을 구축하고 AI 판사를 만나는 날에야 판결 오류를 줄일 수 있다고 보았다.

법조계 일각에서는 AI 판사는 절대로 안 된다고 주장하며, 판결 오류를 과장하지 말라고 항변할 수도 있을 것이다. 하지만 판사가 자신이 보고 싶은 것만 보고 나머지는 무시하는 선택적 자각(selective awareness)이나 확증편향(confirmation bias)에 빠진다면, 자신이 세운 가설에 따라 증거를 수집하고 다른 증거는 무시될 수 있다. 그러면 자신이 속한 이념적·정치적 편향에 빠져 동일한 사건을 놓고도 정반대의 결론을 내리거나 불공정한 판결을 한다는 비난은 끊이지 않을 것이다. 그 경우, 결코 사법에 대한 불신을 해소할 길이 없을 것이다. AI는 이념에 좌우되지 않으며 결코 뇌물을 받지 않는다. 출신학교나 자신이 속한 연구회에도 신경 쓰지 않는다. 밤잠 자지 않고 24시간 동안 일해도 지치지 않는다. 무엇보다 노이즈로부터 자유롭기에 동일한 사건을 두고 콩에서 팥까지 분산된 판결을 하는 행태를 최소화할 수 있다. 잘 설계된 알고리즘은 정파에 휘둘리지 않는다. 탄탄한 AI 시스템을 구축하여 판결의 일관성과 공정성을 최대한 높이고, 노이즈를 최소화하는 시스템을 서둘러 구축해야 할 때이다.

24시간 잠들지 않는
AI닥터

히포크라테스

"나의 양심과 품위를 가지고 의술을 베풀겠노라. 나의 환자의 건강과 생명을 첫째로 생각하겠노라. (…) 오직 환자가 나에게 알려준 모든 것에 대하여 비밀을 지키겠노라.(히포크라테스 선서의 일부)"

얼마전에 실리콘벨리에서 7인의 과학자, 의사, 엔지니어 등이 모여서 환자에 대한 의무를 다짐하며 의료 벤처 '히포크라틱 AI(Hippocratic AI)'를 창업했다. 히포크라테스라는 사명을 붙인 이유는 "환자들에게 해를 끼치지 말라"는 고귀한 의사 윤리강령을 되새기고자 했기 때문이다. 히포크라틱 AI측은 환자 고객이 의료 시스템의 엔드유저(최종 사용자)라는 점을 되새기면서 의료 종사자 "400만 명 부족(WHO 통계 참조)"에 대비하여 AI 기술을 접목하고자 했다. 즉 AI가 의료인력 부족에 대응하고 또 현재 의료진의 작업량을 줄여주어야 의사는 환자들의 암과 난치병 치료에 더 많은 시간을 쓸 수 있다는 뜻이다.

현재 AI는 시스템 통합 자동화, 커뮤니케이션 자동화, 수술 지원, 고객 지원 등 여러 요소에 걸쳐 적용된다. 존스홉킨스 병원 역시 빠른 임상 시스템, 의료 데이터 자동화, 중환자실 이송예측, 임상 워크플로우 개선, 환자의 병원 감염 요소와 위험 요소 예측, 그리고 암과 뇌졸중 치료에 AI를 활발하게 적용하는 '초개인화 서비스' 병원이라는 점에 자부심을 품고 있다.

매사추세츠 종합병원(MGH)은 AI를 사용하여 알츠하이머병에 걸릴 위험이 있는 사람들의 일상적인 뇌 수만 건을 스캔하여 알츠하이머병 위험을 90% 이상 정확하게 감지하는 모델을 개발하여 조기 치료의 혜택을 받을 수 있게 하였다. MIT 역시 단 한 번의 CT 스캔 데이터를 사용하여 수년 후의 폐암 위험을 예측할 수 있는 딥 러닝 모델(시빌 : Sybil)을 개발했다고 최근 발표하면서, 추가적인 임상 데이터 없이 개별 위험이 예측 가능해졌다고 부연했다. 예일대 병원은 AI적용으로 패혈증 환자 사망률을 29% 줄였고, 병원 재입원율을 14% 낮췄다고 했다.

과거에는 환자의 암이나 알츠하이머에 관한 증상은 무엇인지, 어떤 방법으로 처방했는지 등 모든 것을 의사들의 지식에 의존했다면, 오늘날에는 AI의 발달로 인해 딥러닝 알고리즘에 넣으면 된다. 질병, 처치, 코드, 약 처방 등 모든 의료 데이터들을 컴퓨터에 넣고 AI 알고리즘을 작동하면 AI가 알아서 자동으로 분류하여 챗GPT로 검증하고 유추 가능한 모델을 만들어낸다.

구글은 흉부 엑스레이 영상을 해석하고 의견서까지 작성하는 AI 시스템 '메드팜 멀티모델(Med-PaLM Multimodal)'을 내놓았고, MS

는 수천만 쌍의 이미지를 학습시켜 환자에 대한 의견을 챗GPT 처럼 내놓을 수 있는 의료 AI 모델 '라바-메드(LaVA-Med)'를 공개했다.

히포크라테스가 페르시아의 왕이 제안한 선물을 거절했다는 이야기를 바탕으로 지로데가 그린 유화(1792)
_ 지로데(Anne-Louis Girodet)

AI계의 거두로 튜링상(AI의 노벨상에 비견)을 수상한 제프리 힌튼은 의사의 의료행위를 보조하는 AI가 신속성과 정확성 등에서 때때로 의료인보다 뛰어난 모습을 보인다며, 'AI 의사 대체론'을 언급했다. 일례로, AI로 작동하는 로봇 수술은 의사의 손 떨림에서 자유롭기에 조직 손상 등 문제없이 정밀하게 수술을 마칠 수 있다.

그럼에도 의사들은 의료 AI 전면 도입에 망설이는 이유로 책임성, 데이터 편향성, 공감과 연민 부재 등의 문제를 제기하곤 한다. 챗GPT는 미국 의사 면허 시험(USMLE)에 평균점수 이상으로 합격했지만, '할루시네이션'을 일으켜 오답을 생성할 가능성도 제기된다. 물론 AI를 보완하기 위하여 휴먼 피드백을 가미한 강화학습으로 보완할 수도 있다. 하지만 오진율은 AI 닥터 보다 사람이 높다는 것이 중평이다. 실제로 하버드 메디칼, 구글 딥마인드 등 세계적인 권위를 가진 기관에서 AI는 사람의 오진율(유방암 등 특정 분야에서)보다는 훨씬 낮다는 자료들이 속속 등장하고 있다. 루닛은 2021년 4월부터 2022년 6월 사이에 스웨덴 여성 5만 5,581명을 대상으로 (유방암 검진자) AI 도입 가능성을 분석한 결과, 루닛 AI 판독이 전문의 2명이 판독하는 경우보다 리콜율이 현저히 낮았다고 한다.

의사들은 AI진료에서 공감과 연민 부재를 우려한다. 하지만 최근 옥스퍼드대의 연구에 따르면, "오늘날 의사들은 환자와 공감하고 헌신할 시간이 부족한 경우가 많다"라고 하면서 "AI는 의사에게 시간을 만들어 주는 선물"이라고 말했다.

오늘날 의료에 AI를 활용하는 중요한 이유 중의 하나는 '고객통찰'과 '초개인화' 서비스가 가능하기 때문이다. 환자 입장에서도 AI 덕분에 리스크 평가, 선별 검사, 진단, 병기 분류, 치료법 선택, 모니터링 등이 모두 일괄 가능해졌다. 작년 가을 미국에서는 AI로 건강 상태를 체크하고 진단하는 초개인화 무인 진료실이 등장했다. 앞으로 뉴욕, 시카고, 필라델피아 등 미국 전역의 쇼핑몰, 체육관, 오피스 등 3천여 곳에 무인 건강관리 시설(헬스케어 키오스크, 헬스케어 부스)이 설치될 계획이다. 무인 진료실은 의료진 없이도 고객통찰이 가능하다. 고객들은 당뇨병, 고혈압, 우울증, 불안 등 여러 질병 영역에 대한 1차 진단을 받을 수 있다. 피부암 스캐너로 피부 변색과 같은 사항을 모니터링할 수 있다. 혈액 검사는 바늘이 없는 일회용 수집 장치를 사용한다. 의사가 실시간으로 자료를 검토하고 추가 처방전이나 지침을 내주는 맞춤형 AI 처방전도 가능하다. 진료가 못 미치는 농촌지역 사람들에게 의료 서비스를 제공하려고 한다. 또 다른 솔루션으로 AI를 사용하여 노인의 건강 기록 및 메디케어 플랜과 연결하는 프로그램도 등장했다.

AI닥터 히포크라테스 _ Copilot

이와 같이 AI는 초개인 맞춤형 서비스를 신속 정확하게 제공해주는 시공간의 선물이 될 수 있다. 무인진료실, 메디케어에 더하여 의사와 협업 등으로 의료인력 부족 문제와 의사들의 넘치는 작업량 해소에도 도움을 줄 수 있을 것이다. 이런 환경과 시스템이 가능해진다면, AI가 의사를 대체하지는 못하더라도 최소한

3분 진료는 대체할 수 있지 않을까? 의사를 만나기 위해 먼 길에 복잡한 절차를 거쳐 병원에 와 달랑 3분간 의사와 대화하고 돌아서는 것은 환자에게 허탈감과 함께 시간낭비라는 느낌을 주곤 한다.

인류의 건강을 위한 거대한 혁신이 시작되었다. AI가 의사들의 업무를 아웃소싱하는 동안에 의사는 과학 발전과 창조적인 일에 시간을 사용할 수 있을 것이다. AI 덕분에 의사들이 환자에 대한 책임감을 키울 수 있기에 'AI판 히포크라테스'라고 칭송받을 것 같다. 의사들은 "AI는 공감 능력과 연민의 감정이 없다"고 비판하지만, 환자를 두고 병원을 이탈하거나 파업하는 일도 없다. AI는 쉬거나 잠자지 않고 24시간 내내 일해도 결코 지치지 않는다.

AI에게는 없는 공감과 연민의 시간을 AI 덕분에 의사들이 가질 수 있다면, 역설적으로 AI로 인해 히포크라테스 정신을 실천할 가능성은 점점 커지고 있는 것이 아니겠는가? 진정으로 "나의 환자의 건강과 생명을 첫째로 생각하겠노라. 오직 환자에 대한 나의 의무를 지키겠노라"라는 고귀한 정신을 실천할 각오와 열린 마음으로 초개인화 의료 서비스 시대를 맞이할 서번트 리더십을 배운다면 충분히 새로운 경지가 열릴 것이다.

AI 시대,
강아지가 중하냐? 할머니가 중하냐?

트롤리의 딜레마

　사회진화론의 창시자 스펜서(Herbert Spencer)는 "인간은 삶이 두려워 사회를 만들었고, 죽음이 두려워 종교를 만들었다"라고 했다. 그런데, 우리 인간은 미래가 두려워 보험을 만들지는 않았을까? 미래는 미지의 영역이라 우리에게 희망과 함께 긴장과 두려움을 준다.

　인공지능 시대 역시 현 인류에게 희망과 두려움을 동시에 준다. 만물의 영장 인간의 두뇌를 모방하여 인간보다 뛰어난 두뇌를 창조할 것이라는 전망은, 언젠가 인류는 AI의 도움으로 영생을 누릴 수 있다는 희망과 아울러 AI에 의해 인간이 멸종당할 수도 있다는 두려움을 주고 있다. 미래학자 레이 커즈와일(Ray Kurzweil)은 AI 발전이 가속화되어 2040년경에는 모든 인류의 지성을 합친 것보다 더 뛰어난 초인공지능이 출현할 것으로 예측했다. 바로 기술적 특이점(singularity)이 불과 15년 앞으로 다가왔다.

현재 AI의 발전 속도를 고려할 때, 훨씬 앞당겨질 수도 있을 것이다.

트롤이의 딜레마, MIT Tech Review

수년 전 MIT 미디어랩 연구진들이 네이처지에 '모럴 머신 실험(Moral Machine Experiment)'이라는 연구 조사를 발표하였다. 이 연구는 233개국 200여만 명을 대상으로 수행한 딜레마에 관한 조사였는데, 여기에는 직진하면 보행자 10명을 치게 되지만, 방향을 확 틀면 1명이 다치게 되는 경우, 다수와 소수, 보행자와 승객 중 누구를 살려야 할지? 그리고 사람과 강아지, 노인과 젊은이, 뚱보와 운동선수, 임산부, 남녀 의사, 홈리스, 범죄자 등 건강, 성별, 직업 등 여러 선택을 놓고 위기 시에 누구를 살리고 죽일지? 등의 설문이 주어졌다. 또한 MIT Tech Review에서는 "자율주행차가 아기를 죽여야 할까? 할머니를 죽여야 할까?"라는 섬뜩한 제목으로 윤리적 딜레마를 다루기도 하였다. 희생자에 자신도 포함된다면? 거기에 사형수 10명이 있다면? 운전자의 결정을 알기 위해서 여러 질문을 더 할 수 있을 것이다. 운전자는 본능이나 자신의 뇌에 각인된 오리엔테이션, 또는 문화권에 따라 희생자 선택이 달라질 것이다.

이처럼 트롤리의 딜레마(Trolley Dilemma)는 원래 1960-70년대에 철학자 필리파 루스 풋(Philippa Ruth Foot)과 주디스 자비스 톰슨(Judith Jarvis Thomson)이 개발한, 의사결정의 윤리적 딜레마였다. 그런데 오늘날 이것이 AI 의사결정의 딜레마로 다가오고 있다.

인공지능 시대에는 AI가 의사결정의 중심에 서게 되어, 필연적으로 리스크도 따라온다. 그러면 "인간이 입은 손해와 리스크는 누가 보상하는가?"라는 문제(AI 보험 이슈)가 중요한 화두로 떠오르게 될 것이다. 보험업계에서도 AI 전환(transformation)의 바람이 거세게 불고 있다. AI 보험은 비단 자율주행에 국한되지만은 않는다. 자율차량은 물론이고, 금융, 화재, 의료계의 AI 활용으로 인한 리스크와 책임, 제조물에 대한 책임, 소프트웨어의 피해에 대한 책임 등의 문제가 생겨날 것이다. 근래에는 대출이나 신용평가와 같이 개인에게 큰 영향을 미치는 고위험 AI 개발자는 보험 가입을 의무화해야 한다는 제언도 나오고 있다.

최근에 뜨는 AI 보험 레모네이드(Lemonade)에 의하면, 한 20대 남성이 전자제품 가짜 도난 신고로 수백 달러의 보험금을 받은 이후 핑크 드레스의 금발 여성으로 분장한 뒤 수천 달러의 카메라를 도난당했다고 신고했다. AI팀은 이를 식별하여 수사 당국에 알렸다. 레모네이드 AI는 가짜 청구 식별, 보험 청구, 승인, 고객에 대한 예측, 지급 서비스, 고객의 평생 가치평가 등을 빠르게 수행한다. 레모네이드 외에도 Root Insurance(AI로 운전 습관 분석 및 초개인화 자동차 보험 제공), Tractable(비전 AI 이미지 인식 기술로 자동차 사고의 피해액 평가 및 보험 청구 절차 간소화), Shift Technology(AI로 보험 사기 탐지) 등 AI 손해보험이 속속 등장하고 있다. AI 알고리즘은 가짜 사진이나 음성모방 피해자를 위해 진위 식별 등 보험 사기를 잡아내고 유사한 보험 청구를 감지한다. 또한 AI 알고리즘에 행동경제학적 이론을 결합하여, 사람들이 거짓으로 행동하는 패턴을 분석하여 허위 보험 청구를 탐지 및 방지하기도 한다.

The New Republic (2023.5.10)

국내에서도 수십여 생명 손해보험 회사가 AI 보험을 도입하고 고객 응대는 물론, 사기 식별, 우량 고객 선별, 손해율 산정과 리스크 관리를 하고 있다. 특히 자동차 보험 시장은 제2의 건강보험이라고 할 정도로 시장 규모가 커져서 앞다투어 AI 보험을 적용하고 있다. AI를 콜센터고객 응대에 적용하면 업무 처리 속도가 빨라지고, 업무 효율이 극대화되고, 초개인 맞춤형 서비스가 가능해지므로 고객 만족은 크게 높아질 것이다. 실제로 한국투자증권은 AI 로봇 프로세스 자동화로 2019년에서 2023년까지 총 261개 업무를 자동화했고, 연 10만 시간의 업무시간 절감 효과가 생겨났다고 한다.

그러나 인공지능은 여전히 블랙박스에 갇혀 있고, 자동화된 알고리즘으로 작동하기 때문에 AI 보험이 해결해야 할 문제는 홍수처럼 쏟아진다. 인공지능이 가짜를 구분하고 오류를 줄이는 역할을 하지만, 동시에 AI 그 자체(알고리즘)에 의한 피해도 끊임이 없다. 따라서 AI 보험은 산업 도메인 전문가와 AI 알고리즘 전문가가 협업해야 할 일도 많을 것이다. 그래서 자율주행차 사고 책임과 관련된 전문가인 '모빌리티 AI 어드바이저', 의료 지식과 AI 지식을 동시에 갖춘 '메디칼 AI 어드바이저', '사이버 보안 AI 어드바이저', 그리고 탄소 저감 '그린 AI 어드바이저'와 같은 신종 직업들이 등장할 것으로 예상된다. 이러한 직업들은 AI 기술의 진보뿐만 아니라 인간의 두뇌와 지식의 발전도 촉진할 것이다.

ChatGPT 기반의 서비스가 시작되면서, AI 기술은 데이터의 편향과 차별, 책임소재, 안전과 신뢰, 일자리 대체, 그리고 새로운 규제 이슈들이 문제로 등장하고 있다. 이러한 문제들은 AI 보험에서도 고민해야 할 문제들이다. 게다가, AI는 전환(transformation)과 단절을 가져다주는 기술(disruptive tech)임에는 틀림이 없지만, 여전히 기술상의 한계도 존재한다. 작년 말에 우리 정부와 백악관은 AI 정책과제로 안전, 보안, 신뢰 인공지능(Safe, Secure, Trustworthy AI)에 대한 국제적 표준개발의 필요성에 공감한 바 있다. 그런데 이러한 표준을 수립하기 위해서는 규제 기술이 확보되어야 한다. 그러나 규제 기술은 경쟁하는 국가들의 진입 장벽을 높이면서도 우리의 발목을 잡을 수도 있는 양날의 칼이다. 따라서 AI 기술의 활용 시에는 AI 엔지니어와 AI 비즈니스 전문가/기획자의 협업에 의한 전략적인 판단이 중요하다. 이는 AI와 인간의 협업만큼이나 중요하게 될 것이다.

AI 알고리즘에 의한 해고 :

AI 면접관에게 미모는 없다

카프카(Franz Kafka)의 소설『심판』에는 주인공 요제프 K가 영문도 모른 채 어느 날 아침 체포된다. 자신은 무엇 때문에 체포되고 왜 기소되었는지, 죄목은 무엇이고 그를 단죄하는 사람은 누군지, 도무지 알지 못한 채 그저 오라 가라는 대로 질질 끌려다니는 장면이 나온다.

"하지만 나는 죄인이 아닙니다."

"뭔가 잘못된 겁니다. 영문도 모르는 제게 유죄라는 게 도대체 말이 되나요?"

주인공 K는 무죄를 입증하려고 백방으로 애쓰지만, 지극히 관료적인 재판부와는 연락조차 되지 않는다. 깊은 은닉층(hidden layer) 구조로 된 인공지능 딥러닝 시스템, 즉 알고리즘 설계자도 추적하지 못하는 블랙박스(Black Box)를 두고 간혹 카프카의 소설『심판』에 비유되곤 한다. 무심하게 잘 짜인 관료제에 더하여 기계 장치가 감시하고 처분하는 세상이 온다면 인간은 도무지 속을 알 수 없는 보스(기계)의 처분을 기다리는 처지가 될지도 모른다는 뜻에서다.

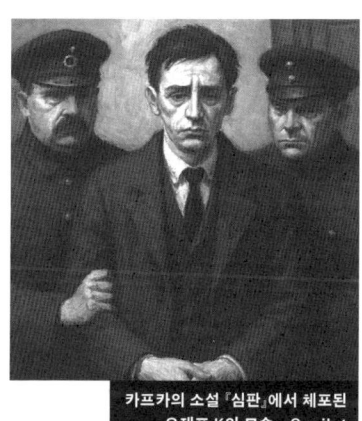

카프카의 소설 『심판』에서 체포된 요제프 K의 모습 _ Copilot

인공지능 전환(AI Transformation)에서 충격적인 내용은 해고 대상자를 선별하는 AI 머신이다. 만약에 해고가 인공지능 프로그램에 따라 결정된다면, 직장의 보스는 CEO가 아닌 CAO(Chief Algorithm Officer), 그중 진짜 파워맨은 '인공지능 알고리즘'이다. 인공지능 알고리즘이 비즈니스의 틀을 변화시킴에 따라, 인간의 창작(creation)이 불필요하게 되고, 알고리즘이 생성한 내용을 적절히 편집(curation)하면 되는 세상이 되는 것이다. 그렇게 된다면 인간은 점점 창의성에 몰두하지 않게 된다.

최근의 뉴욕타임즈, 워싱턴포스트, CNN 등의 뉴스들을 종합하면, 구글에서 대량 해고로 12,000개의 일자리가 사라진 지 며

칠 후, 수백 명의 직원이 온라인 채팅방에 몰려들어 불만을 털어놓았다고 한다. 아마존과 브리티시 항공 또한 대량 해고를 단행했는데, 심판의 프로세스는 바로 AI 알고리즘이라는 분석이다. 즉 AI 알고리즘이 해고 대상자를 골라내 성과 데이터를 기반으로 해고 대상자를 시뮬레이션했다는 것이다. 물론 기업 측은 공식적으로는 알고리즘 해고를 시인하지는 않지만, 이미 인적자원 관리 시스템에 광범위하게 머신러닝 소프트웨어를 도입했고 고용 관리 데이터 시스템을 만들었다는 것은 공공연한 비밀이다. 올해 초 미국 기업 300명의 인사 책임자를 대상으로 조사한 결과, 그들의 98%가 해고 결정에 소프트웨어와 알고리즘을 활용한다고 밝혔다.

AI라는 기계가 직장의 보스로 등장한 것이다. 문제의 핵심은 수만 명의 직원이 생산성이 낮다는 이유만으로 AI 프로그램을 사용한 컴퓨터 자동추적 시스템에 의하여 해고되었다는 점이다.

최근에 개발된 인공지능 알고리즘을 활용하면 조직 구성원의 생산성 측정을 위한 근무 행태와 패턴(가령, 이메일 사용 및 미팅 시간, 메신저 빈도, 스케줄링 패턴, 구성원들 간의 협력 정도 등)에 대한 데이터에 기반한 평가가 나온다. 과거에는 설문조사, 인터뷰 등 전통적인 방법을 사용하였지만, 요즘에는 알고리즘이 직접 수행한다. 최근 미국 고용평등위원회(Equal Employment Opportunity Commission)의 발표에 따르면, 포츈 500에 속하는 기업의 99%가 입사 지원 이력서를 인공지능 알고리즘에게 맡겨서 걸러낸다고 한다. 따라서 구직자들은 자기 이력서가 인공지능 알고리즘의 심사를 통과해야 한다는 것을 염두에 두고 지원서를 준비해야 한다고 조언한다.

여기에 몇 가지 시사점이 있다. 첫째, 기존에 사람이 하던 방식과의 차이가 있다는 점이다. 예컨대, 금세기 혁신경영을 상징했던 잭 웰치(Jack Welch)의 경우 가치(value)와 실적(performance)을 동시에 고려하여 실적이 낮다고 바로 해고시키지 않고, 먼저 적성에 맞는 곳이 있는지를 확인한다. 다만 조직의 가치(비전 수용, 조직에 대한 애착과 충성도 등)에 안 맞고 동시에 실적도 최하일 경우 해고 대상(이른바 "10% 해고의 룰")에 들어갔다. 5년 동안 11만 명이 넘는 직원을 해고하여 잭 웰치가 다녀가면 건물만 남고 사람은 사라진다고 하여 "중성자탄 잭(neutron Jack)"이라는 별명을 얻었지만, 그조차도 인간적 고려사항인 가치를 제일 중시하였다. 그래서 실적과 가치가 상충할 때는 가치를 먼저 보았다. 그간 경영에는 팀워크와 구성원의 사기를 높이기 위하여 보상 시스템, 팀워크, 멘토링 등 리더십 경영의 요소가 중요했다. 이제 이와 같은 요소는 흘러간 옛이야기가 되어버렸다. 알고리즘이 지배하는 인공지능 시대에는 이런 인간적 요소를 헤아리기 어려울 수도 있겠다.

둘째, 인공지능 시대일수록 데이터 편견의 극복과 신뢰 제고 등에 대해 더 세심한 주의를 기울일 필요가 있다. 알고리즘에 의한 일 처리가 더 높은 성과를 낼 수 있다고 하더라도, 해고와 같은 민감한 이슈에서는 알고리즘에 의한 일 처리에 신뢰를 보내지 않는 경향이 높다. 오데드 노브(Oded Nov) NYU 교수는 "사람들은 인공지능 알고리즘의 내용도 중요하지만, 누가 했는지를 더 중시한다"는 연구 결과를 내놓기도 했다. 즉, 내용이나 성과 못지

않게 인간이 인식하는 것이 중요하다는 뜻이다. "제품보다 인식이 우선한다"는 경영학의 고전적인 명제는 AI 시대에도 마찬가지로 적용된다. 따라서 AI 기술만이 아니라, AI를 사용하는 인간에 대한 탐구가 깊어질 때, 인공지능 알고리즘의 효과적인 사용이 비로소 가능해질 것이라는 뜻이다.

사이 인공지능이 입사 대상자와 해고 대상자를 선택하는 모습_ Sora AI

AI 알고리즘에 대한 신뢰의 문제는 최근 미국 작가조합(WGA)의 헐리우드 파업에서도 잘 드러난다. 이들은 생성 AI(챗GPT)가 쓰는 시나리오의 초안을 "인간의 창작물을 긁어모으는 일"로 규정하면서, AI가 창작하고 인간 작가에게 수정편집을 맡기는 방식에 대해 불신을 드러냈다.

셋째, 서두에 카프카의 『심판』을 소개한 것처럼, 가장 치명적인 문제는 미궁의 블랙박스이다. 인공지능 딥러닝 알고리즘이 아무리 유용하고 성능이 빼어나도 작동의 원리를 알 수 없어 블랙박스로 남아 있는 한 인간의 부담이 된다. 딥러닝 시스템은 인간의 뉴런과 시냅스의 깊이만큼이나 깊은 은닉층, 복잡한 함수로 이루어진다. 끝없이 이어진 미궁의 '블랙박스'의 비밀을 풀지 않고는 인공지능의 작동원리와 결정 방식에 대한 완전한 신뢰를 얻기는 쉽지 않을 수 있다. 그 때문에 사용자의 입장에서 '설명가능한 인공지능(explainable AI: XAI)'에 대한 사회적, 기술적 요구가 커지고 있고, 미국 국방고등연구계획국(DARPA) 등에서 XAI에 대한 활발한 연구가 진행되고 있다.

XAI 개발을 통해 사용자가 AI 시스템의 의사결정을 이해하고, 결과를 신뢰하여 효과적으로 업무를 수행할 수 있도록 해야 할 것이다. 특히 의료, 국방, 금융, 법률 등의 영역은 인간의 생명과 재산에 치명상을 줄 수 있기에 더욱 민감하다.

한편 블랙박스는 끝없이 깊은 딥러닝을 가능케 하는 AI의 중추이다. 하지만, 영문도 모른 채 갑자기 심판대에 오른 주인공 K처럼, 블랙박스가 계속 미궁의 영역으로 남아 있다면, 어느 날 터미네이터에게 인간이 지배될 것이라는 공상과학 소설은 계속 인기를 끌게 될 것이다. 과학자들이 인간의 뇌 신경세포의 작동원리를 찾아 나서듯이, 인공지능 심층신경망도 투명한 작동원리를 알 수 있어야 할 것이다. 인공지능 시대에 진정한 협업의 틀을 짜려면 신뢰 장치가 무엇보다 중요하다.

____ AI의 습격 : AI 인터뷰에 미모는 없다

유명한 시인(토마스 오버버리), 작가(셰익스피어), 가수(템프테이션스) 모두가 이구동성으로 "미는 피부 한 장 차이(Beauty is but skin-deep)"라고 말했다. 취업과 결혼 등 인생의 중대사를 앞두고 젊은이들이 피부과를 찾는 걸 보고 '피부 한 장'의 크기를 가늠하게 되었다. 취업은 인생의 중대사이기에 크기를 따질 수 없다. 인생이 걸린 일이다. 그런데 이제는 취업을 앞두고 'AI 면접 상담 코치'를 찾아야 할 상황이다. 다행히 AI 면접관은 사람을 외모로 평가하지 않는다. AI 알고리즘은 전혀 다른 각도에서 사람을 평가한다. AI 시대를 맞아 채용 담당자들의 면접방식이 바뀌고 있다. 펜데믹을 거치면서 AI 자동 비디오 인터뷰(AVI)가 양산되었다. 코로나는 끝났지만, AI가 안내하고, 비디오가 분석하는 채용 프로세스가 보편화되고 있다. 구직자에게는 낯설고 새로운 풍경이나 거부할 수 없다. 조만간 43% 이상의 기업이 면접에서 AI를 사용할 것이라는 전망이다.

    AI 면접관은 냉정하다. 미모를 살피지도 않지만, 구직자와 휴먼 교류나 감정의 상호작용도 없다. 사람이 아닌 AI 면접관이 화면에 등장하여 정해진 질문을 던지고 짧은 답변 시간을 준 뒤 바로 결정을 내린다. AI 면접 결과, 의도치 않게 우수한 구직자가 탈락할 수 있다. 그 이유는 AI의 작동원리에 대한 지식이 없을 수도 있기 때문이다. 따라서 AI로 작동하는 AVI는 무엇으로 구성되어 있는지, 인터뷰에서 어떤 데이터가 수집될 가능성이 있는지 알아둘 필요가 있다. AI 기술은 다양한 표현(예: 표정, 목소리 톤, 키워드 등)을 분석한다. 그럼 AI 면접관에게 어떻게 응대해야 할까?

알고리즘에 대응하기 위한 심리적 준비는? 구직자가 AVI에 대비할 포인트를 대강이나마 요약해보면 다음과 같다.

❶ 알고리즘에 심어줄 첫인상

AI 면접관은 외모를 따지지는 않는다. 하지만 대면 인터뷰와 마찬가지로 좋은 첫인상을 주어야 한다. AI에게 깊은 첫인상을 줘야 한다는 것은 남녀가 선을 볼 때와 유사하다. 하지만 AI에 심어줄 첫인상은 미모가 아니라 신뢰와 안정감이다. AI 면접관이 표정, 목소리 등의 데이터를 분석하기 때문에 비디오카메라가 마치 연인이나 친구인 것처럼, 눈을 마주치고 표정과 목소리에 신뢰와 안정감을 줘야 한다. 지속해서 눈을 마주쳐야 AI가 이를 포착하여 면접 정보를 소프트웨어에 담을 수 있다.

❷ 인터뷰 장소와 배경

대부분의 AI 인터뷰는 웹캠을 통해 사물을 인식하고 분석한다.

따라서 인터뷰를 수행할 적당한 장소를 미리 찾아놓는 게 좋다. 인터뷰 배경 역시 컴퓨터 비전을 통해 AI 면접관에게 전달될 것이라 깨끗하고 단순한 배경이 효과적이다. 집중도를 높이고 배경이 산만하지 않도록 공간이 구성되어야 한다. AI 면접관에게 편견을 심어주지 않도록 불필요한 물체와 방해 요소를 치워두는 게 좋다. 인터넷 연결, 웹캠, 마이크 및 필수 소프트웨어가 제대로 작동하는지 확인하고 기술적인 결함이 발생하지 않도록 사전에 꼼꼼히 체크하는 것이 필요하겠다.

❸ 복장과 태도

AI 면접관은 사물 인식과 이미지 패턴을 처리하기 때문에 복장과 태도 역시 중요하다. AI 면접에서 혼란을 방지하기 위해 되도록 줄무늬나 화려한 색상을 피하는 것이 좋다. 복장은 비즈니스 캐주얼로 입고 평범한 색상의 옷을 입을 것을 권한다. 파란색과 흰색의 밝은 색조가 좋은 옵션이기는 하나 너무 화려하지 않아야 좋다. AI는 패션 감각이 없지만 대면 인터뷰 때와 같이 전문적으로 옷을 입는 것을 권장한다. 이는 상대방에 대한 존중, 프로페셔널한 태도를 알려줄 수 있기 때문이다. 카메라에 잘 어울리는 단색을 선택하고 화려한 보석은 피하는 게 좋다. AI 면접관은 화려한 외모를 보고 평가하지 않고 신뢰도와 호감도를 평가하기 때문이다. AI 면접관에게도 진짜 사람처럼 대하고, 일에 대한 열정을 보여주는 것이 중요하다. 목소리 톤, 표정, 몸짓, 언어가 긍정적인 에너지를 투사해야 한다. 서두르거나 너무 느리게 말하기보다는 적당한 속도로 명료하게 발언해야 좋다. 대답은 서너 문장 정도로 짧고 간결하게 하는 게 좋다. 열정을 보여주되, 진정성 있게 임해야 한다.

AI 채용 면접에서 비언어 커뮤니케이션
_ Empire Resume

❹ 비언어적 신호

AI 알고리즘은 감정을 처리하는 게 아니라 표정, 제스처 등을 통해서 감정을 읽는다. 마치 대면 인터뷰처럼 신체 언어와 에티켓을 준수하는 것이 중요하다. 눈을 마주치고, 유쾌하면서도 몰입감 있는 표정을 유지하는 것, 요점을 강조하기 위해 의식적으로 손짓을 사용하는 것도 좋다. 흔히 구직자는 불안할 때 손을 만지작거리곤 한다. 차라리 손을 자연스럽게 노출하여 안정감을 인지시키는 게 낫다. 고개를 끄덕이거나 미소를 짓거나 제스처를 취하는 것은 적극적인 경청의 자세를 보여주어 도움이 된다. 전반적인 바디랭귀지에 유의하고 편안하게 앉되 허리를 똑바로 세우는 것은 자신감을 부각한다. (카메라에 약간 기대는 것은 괜찮다). 그러나 제스처는 과도하면 안 된다. AI 면접관 외에도 인간 면접관이 인터뷰에 참여하고 있을 가능성도 염두에 두는 게 좋다.

❺ 키워드

AI 면접관은 자소서를 보고 핵심을 예리하게 쏙쏙 뽑아서 묻는다. AI의 자연어처리 알고리즘의 힘이다. 직무에 대한 이해를 바탕으로 키워드와 문구를 머리에 넣고 있어야 유리하다. 키워드를 간결하게 말하는 것이 좋다. 아무리 에너지 넘치고 매력적인 후보자라도 키워드와 업무에 대한 문구를 제시하지 못하면 탈락할 수 있다. 따라서 회사의 핵심 가치, 미션, 직무 등을 사전에 연구해오면 득점 요소가 될 수 있다. AI 면접관은 음성 분석 소프트웨어를 가지고 있으므로 어조나 응답 속도 등에서 인터뷰의 점수가 매겨진다. 따라서 적정한 대화 속도를 유지해야 좋다. 너무 빠르거나 느리면 불안하거나 확신이 없는 것으로 보일 수 있다.

❻ 디지털 자기 관리

링크드인(LinkedIn)과 같은 소셜 미디어 계정에 등록되어 있다면, 정보를 업데이트하는 게 좋다. 직무 관련 기술과 경험을 드러내고, 알고리즘이 부정적으로 인식할 수 있는 콘텐츠를 제거하는 게 좋겠다. AI 주도 인터뷰 과정에서 기술 자격뿐만 아니라 소프트 스킬도 강조할 필요가 있다. 소프트 스킬에는 효과적인 의사소통, 팀워크, 문제 해결 및 적응력과 같은 속성이 포함된다.

이제 AI 면접을 통한 구직은 실존적 위협으로 다가왔다. 면접을 앞둔 구직자들은 늘 떨리게 마련이다. 게다가 새로운 제도나 기술이 등장하면 더욱 혼란스럽고 불안해진다. 기술의 참신함과 AI의 우수성은 다 좋지만, 구직자는 AI 기술과 디지털 프롬프트에 응답하는 것이 낯설 수 있을 것이다. AVI 인터뷰에 익숙해지기 위해서 사용법을 익히고, 스스로 녹음하고, 분석해보자. 잘한 것을 선별하고, 라운드마다 점점 개선되는지 확인하면 효과적이다. AVI는 인간의 편견을 극복하는 데 유리한 장점도 있지만, 한편 사람과의 감성적 교류나 대화나 반응이 없어서 심리적 불안과 긴장감을 불러오기도 한다. 로봇 AVI와 같은 냉정한 기계 덩어리에 대응하기 위해 구직자는 먼저 친구들 앞에서 연습해 보면 좋을 것이다. 휴먼 피드백은 AI 면접에서도 기술과 함께 가야 할 요소다. AI 면접의 시대, 성공적인 면접 준비에 조금이나마 도움이 되기를 바라며…

AI 시대,

암진단과 서비스 의료
(Medicine as a Service, MaaS)

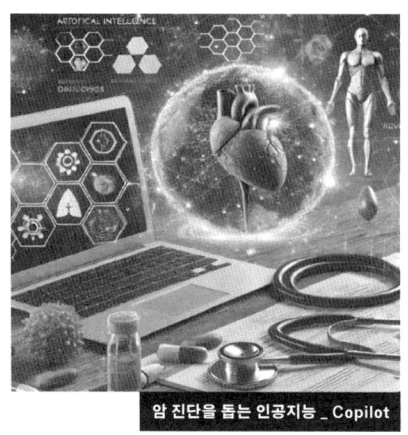

암 진단을 돕는 인공지능 _ Copilot

약 10년 전, KAIST 힙합 동아리 멤버들이 모여 루닛(Lunit)이라는 스타트업을 설립했다. 당시에는 일견 무모하고도 용감한 도전처럼 보였지만, 현재 루닛은 의료 AI 분야에서 세계적인 명성을 얻고 있다. 루닛은 "인공지능을 통한 암 정복(Conquer Cancer through AI)"이라는 목표 아래, 미국 MD 앤더슨 암센터 및 세계적인 제약사들과 협력하여 AI 기반 혁신적 암 연구와 정복에 앞장서고 있다.

암 진단을 예로 들어서 AI 시대 '서비스로서의 의료(Medicine as a Service, MaaS)'에 대해 살펴보자. 오늘날 인공지능은 암에 대한 이해를 높이고 암 정복에의 새로운 희망을 주고 있다. 그 이유는 무엇일까?

❶ AI에 의한 무증상 단계에서 암 조기 발견

전통적인 방법은 증상이 나타난 이후 진단과 치료가 이루어지지만, AI 방법은 혈액에서 암 바이오마커를 분석하여 무증상 단계에서 암을 발견한다. AI는 방대한 데이터를 바탕으로 증상이 나타나기 전의 잠재적인 패턴을 감지하여 암을 조기에 진단하고 예방하게 해준다. 예컨대, 액체 생검(liquid biopsy) 기술을 활용한 AI 기반 분석은 암의 유전자 변이를 탐지하고 치료 방향을 제시한다.

❷ 편향성 배제와 일관성 유지

전통적인 방법은 의사의 경험, 주관적 판단, 그날의 컨디션에 따라 진단의 결과가 달라질 수 있다. 동일한 케이스를 두고도 의사마다 결과가 다르면 문제가 아닐 수 없다. 반면 AI는 학습된 데이터에 기반하여 일관되고 동일한 결과를 제공한다. 즉, 판독하는 의사가 다르더라도 결과의 변동성이 적어, 편향성에 의한 오류를 줄일 수 있다. 결과의 일관성을 높인다.(다만 AI는 데이터 편향, 할루시네이션 등의 문제가 발생하므로 진료 과정에서 인간 의료진과의 협업이 필요하다.)

❸ 높은 민감성, 속도, 정확도

아무리 뛰어난 의사라도 전통적인 방법으로는 암의 크기가 작거나 불규칙한 패턴을 보이면 발견이 어려울 수 있다. 반면, AI는 훈련된 데이터를 기반으로 매우 미세한 변화나 패턴도 감지할 수 있다. 작은 결절을 감지하는 데 있어 방사선 전문의보다 AI는 높은 민감도를 보인다. 가령, 루닛(Lunit)은 AI를 활용한 암 발견율에서 의사보다 15% 더 높았다. 판독 시간에서도 기존에는 결과를 받기까지 약 5~6주가 걸렸지만, 루닛 AI는 결과를 즉시 받는다. AI는 대량의 데이터를 순간적으로 처리하며 속도를 크게 향상시킨다. 이같이 AI는 의료진의 업무 부담과 환자 대기시간을 크게 줄여준다.

❹ 통합적 분석과 입체적 진단

전통적인 방법은 의사가 환자의 증상을 바탕으로 의료 이미지를 판독하거나 병리학적 조직 샘플을 현미경으로 분석해 암을 진단하므로, 다양한 데이터를 통합적으로 분석하지 못했다. 하지만 AI 방법은 다양한 데이터 소스(유전자 데이터, 임상 데이터, 영상 데이터 등)를 통합하여 암의 존재 여부와 상태를 자동으로 예측할 뿐만 아니라 더 정밀하고 일관된 진단이 가능하다. 나아가 멀티모달 딥러닝 모델은 다양한 데이터를 조합해 통합적인 솔루션을 가능케 한다.

❺ 동시적 분석과 맞춤형 진단/처방

AI는 의료 영상 데이터를 분석하는 동시에 환자의 유전자 변이 및 임상 기록을 반영해 맞춤형 진단을 제공한다. 예컨대, AI 알고리즘이 CT 스캔 이미지를 학습해 미세한 암 결절을 감지하고 이를 의사에게 알린다. 이를 통해 개별 환자에게 맞춤형 진단 및 치료 전략 설계를 가능케 한다.

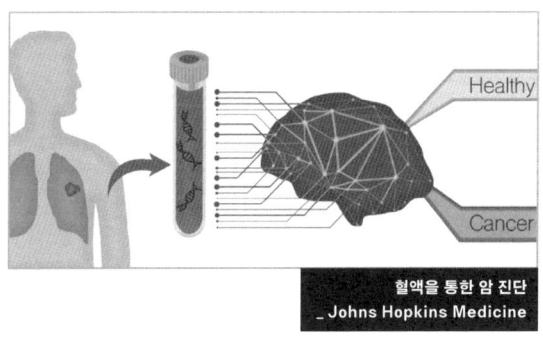

혈액을 통한 암 진단 _ Johns Hopkins Medicine

AI 시대의 의사와 병원은 아무리 뛰어나도 인공지능 및 혁신 기술과 협업해야만 경쟁력이 유지된다. 의사는 경험을 통해 전문성을 강화하지만, AI는 데이터가 많아질수록 성능이 개선된다. 의료 AI는 진단, 분석, 예측 등을 빠르고 정밀하게 수행하여 의료 서비스를 고도화한다. AI는 최신 연구와 정보를 즉각 반영해 더욱 신속하고 정확한 결정을 내린다. 이제 의사와 병원은 AI와 데이터를 기반으로 하는 인공지능 기술 모델과 협업해야만 살아남을 수 있다.

의사와 의료기관의 역할은 과거와 달라지고 있다. 그런 점에서

AI 시대의 의사와 병원은 '서비스로서의 의료(MaaS)'라는 새로운 패러다임으로 재정의될 필요가 있다. 더 이상 공급자 마인드 속에 빠져 시대변화를 거역할 수 없다. 변화에 적응하려면 전통적인 의료 전달 체계와 권위적인 자세에서 탈피하여 MaaS 정신으로 무장해야 한다. 맞춤형 의료에 익숙해져야 한다. 즉 AI 시대는 환자의 건강 데이터를 수집·분석하여 초개인 맞춤형 의료 서비스를 제공하는 자동화 시스템이 보편화될 것이다. MaaS는 환자가 병원을 직접 방문하지 않아도 디지털 플랫폼을 통해 '온디맨드' 의료 서비스를 제공받는 시대를 열 것이다. 이때는 의료기기라는 제품의 본질은 희석되고 서비스의 효용성만 남게 될 것이다. MaaS 시대에는 의료기기는 무료로 제공되고 환자는 일정한 사용료를 내면 건강관리를 받을 수 있는 구독 모델이 호응을 얻을 것이다.

AI의 전면적 도입은 의료기관의 역할과 운영 방식에 근본적인 변화를 가져올 것이다. AI 시스템은 의사와 병원에게 더 이상 기득권에 안주하게 놔두지 않을 것이다. 오로지 수요자의 입장에서 환자 맞춤형으로 최상의 서비스를 제공하는 기관으로 전환될 것이다. AI는 예측-진단-진료의 모든 과정에서 환자데이터를 기반으로 한 맞춤형 서비스를 강화하며, 누적된 환자데이터를 기반으로 한 혁신가(AI Innovator)의 길을 제촉할 것이다. 권위적인 공급자가 아닌 수요자의 입장에서 '서비스로서의 의료(MaaS)' AI가 되어야 미래에 공존하고 발전할 수 있다. 암 진단 사례에서 보듯이, 시대적 변화 속에서 의료기관은 연구와 도전을 사명으로 하는 '루닛형 기술벤처'가 되어야 한다. AI는 전통적 의료 시스템의 권위적 구조를 타파하고, 더 나은 서비스를 제공하는 기술혁신과 아울러 마인드셋의 혁명을 몰고 올 것이다.

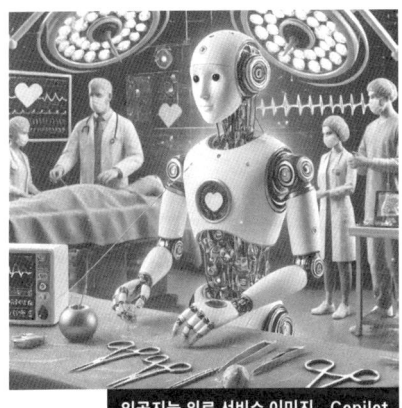

인공지능 의료 서비스 이미지 _ Copilot

올림픽에서
'인간 심판
vs
AI 심판'

체조 _ Copilot

　인공지능 심판 즉, AI 판정지원시스템 JSS (Judging Support System) 이 도입된 이번 2024 파리 올림픽에서도 오심 논란은 여전했다. 8월 5일 여자 체조 경기에서, 브라질의 안드리지 선수가 1위, 미국의 바일스 선수가 2위, 루마니아의 버르보수 선수가 3위로 판정되었다. 기쁨에 넘친 루마니아 선수가 승리를 기념하기 위해 멋진 세레모니를 하려던 순간, 미국 측은 5위를 기록한 조던 차일스 선수의 점수가 잘못되었다며 이의를 제기했다. 점수는 조정되었고, 바로 미국 선수가 3위로 올라가고, 루마니아 선수는 4위로 밀려났다.

이 순간을 위해 오랫동안 고진감래(苦盡甘來)해온 루마니아 선수는 울음을 터트렸고, 격분한 루마니아 총리는 항의 차원에서 폐회식 보이콧을 선언했다. 이후 스포츠 중재재판소(CAS)가 미국 선수의 이의 제기 시간(1분)이 늦은 시점(1분 4초)에서 이루어졌다며 판결하여 다시 순위는 원상태로 돌려졌다. 루마니아 선수는 메달을 되찾았지만, 불과 4초 차이에 인생의 쓴맛과 단맛, 아니 지옥과 천당을 오가는 경험을 맛보았을 것이다.

유도 경기에서 대한민국의 허미미 선수에게 돌연 '위장 공격'을 적용한 경우나, 남자 펜싱 개인전(홍콩-이탈리아)의 경우 등 여러 경기에서도 오심 판정 논란은 사라지지 않았다. 홍콩이 이탈리아를 누르고 금메달을 땄지만, 펜싱 경기가 끝난 이후에도 온라인에서 양국 팬들 사이에 전쟁은 멈추지 않았다.

홍콩에 패배한 이탈리아 측이 오심 판정으로 금메달을 놓쳤다고 항의하자, 홍콩 측이 이탈리아인들이 아주 싫어하는 '피자 파인애플 토핑' 이벤트를 벌여 상대를 자극하기도 했다. 이탈리아는 이를 모욕으로 받아들였다. 뉴욕타임스는 "이탈리아를 겨냥한 홍콩의 두 번째 공격(뉴욕타임스 7월 30일)"이라고 논평했다.

AI와 사람이 펜싱 경기를 함께 측정하는 모습
_ Copilot

파리 올림픽은 인텔을 기술 파트너로 AI 시스템을 도입하여 '또 하나의 올림픽'이라는 찬사와 주목을 받았다. AI 판정 시스템 외에도, AI가 유망한 선수를 발굴하여 강·약점을 분석하고, 맞춤형 훈련 방법으로 서비스를 초개인화할 수 있게 했다. 선수 발굴에서부터 경기 중계, 문답 서비스, 팬심 고려 등 올림픽 전반에 걸쳐 AI가 도입되었다.

최근에 주목받는 검색증강생성(RAG : Retrieval-Augmented Generation) 기술도 적용되었다. 다시 말해서 생성형 AI의 대규모 언어모델(LLM)의 단점 중 중대한 오류-단순한 확률적 패턴 매칭의 오류-를 개선하는 방법이다. RAG는 위키피디아와 같은 외부 지식 사전을 연결하여 답변의 신뢰성을 높이려는 시도다. 실시간으로 필요한 정보를 제공하고 문답하는 서비스를 통하여, 올림픽 선수들은 훈련과 경기에만 집중할 수 있도록 했다. 경기의 하이라이트를 생성할 수 있고, 팬심을 흡수하고 온라인 악성댓글과 학대를 방지하는 등 많은 서비스를 준비했다. 아울러 AI를 활용하면 경기 일정, 경기장 위치, 예상 관중 수, 도시의 먹거리와 관광코스 추천 등 많은 서비스를 제공한다.

Intel의 올림픽 및 패럴림픽 공식 파트너십

　이제 스포츠 산업의 판도를 바꿀 혁신의 가능성은 훨씬 커졌다. 마음만 먹으면 '디지털 휴먼'을 창조하여 전설의 스포츠 스타의 생생한 목소리를 AI로 재현할 수도 있다. AI는 셀럽(현존하는 명사)과 딥럽(고인이 된 명사)을 모두 불러올 수 있다. 이런 엄청난 장점과 혁신의 가능성에도 불구하고, 이번 파리 올림픽에서 오심 논란이 그치지 않았던 이유는 무엇일까?
　심판 기능에만 한정하여 본다면, 이번 파리 올림픽을 'AI 올림픽'이라고 말하기에는 다소 제한적으로 보인다. AI는 보조

(supporting) 역할에만 한정되어 인간 심판의 직관적 판단을 AI의 빠르고 정확한 분석으로 대체 또는 확정하지 못했다. 인간과 AI의 판성이 불일치할 경우, 인간은 AI를 무시하고 다른 결정을 내릴 수 있었기 때문이다. 관중과 선수들은 오판에 항의하더라도, 결국 최종 판단은 인간 심판이 내린다는 뜻이다. AI를 신뢰하는 사람들에게는 얼마나 허무한가?

인간 심판과 AI 심판의 악수
_ Copilot

오류는 AI 시스템에서도 발생하지만, 인간에게서 더 많이 발생한다는 게 정설이다. 그런데, 왜 인간의 판단이 우선하는가? AI 시스템은 주어진 데이터를 기반으로 판단을 지원하므로 현실 세계를 인지하기는 어렵다. 특히 복잡한 규칙을 가지고 빠르게 진행되는 스포츠 경기에서는 고려해야 할 요소가 많고 복잡한 변수도 많은 편이다. 현실 세계와 괴리되어 '인지적 마인드맵'을 그리기 어려운 AI가 모든 상황을 완벽하게 파악하고 이해하는 데는 한계가 존재할 수밖에 없다는 뜻이다. 게다가 AI는 기술적으로 빠르게 진보하더라도, 실수에 의한 오작동, 누군가 알고리즘에 심어둔 편견과 탈옥, 그리고 확률적 헛소리(hallucination)를 내놓을 가능성은 상존한다. 물론 데이터 입력 오류, 카메라 각도 문제, 센서의 민감도 부족 등 많은 문제가 나올 가능성이 있지만, 이것들을 모두 AI의 책임으로만 돌릴 수는 없을 것이다.

올림픽 경기에는 규칙에 대한 주관적인 해석의 문제가 늘 상존한다. 마치 법률해석처럼, 스포츠 규칙 역시 해석에 따라 달라질 소지가 큰 영역이다. 따라서 AI가 규칙을 기반으로 판단을 내리더라도, 인간은 상황과 맥락을 고려해 다른 결정을 내릴 수 있다. 앞으로 더욱 성능이 개선된 AI가 나오더라도, 인간 심판은 여전히 경기의 권위자로서 최종 결정을 내리는 영역이 많을 것이다. AI의 판단을 무시하거나 다르게 해석할 권한이 인간에게 주어진다는 점은 만물의 영장 인간의 직관, 경험, 지혜에 대한 신뢰가 여전히 크고 중요하다는 뜻이다.

이른바 파리 'AI 올림픽'은 AI의 급속한 발전에도 불구하고, AI가 인간을 쉽게 대체하지 못한다는 사실을 보여주는 하나의 보기이다. 여기에서 생각해봐야 할 요소가 있다. 인간과 AI는 둘 다 부족한 중간(missing middle)이 존재한다는 점이다. 결국 AI 시스템은 인간을 도와서 협업으로 문제를 해결하는 길이 최선일 것이다. 중요한 것은 '협업지능(CQ)'을 키우는 것임을 다시 한번 일깨워 준다(『AI싱킹과 협업지성』). 이런 사실들을 감안한다면, 성능을 극대화한 AI와 경험과 지혜로 충만한 인간이 함께 문제를 해결하고 완성을 추구하는 것, 즉 '협업지능(CQ)'에 더 많은 관심을 기울여야 할 것이다.

인공지능은
반(反)예술인가?

그 안티테제와 신테제

프랑스의 저명한 의사 아르망 트루소(Armand Trousseau)는 "모든 과학은 예술에 닿아 있다. 최악의 과학자는 예술가가 아닌 과학자이며, 최악의 예술가는 과학자가 아닌 예술가이다"라는 말을 남겼다.

오늘날 인공지능의 발달로 과학과 예술은 그 어느 때보다 밀접해지고 있으며, 서로의 경계를 허물고 있다. 하지만 이러한 변화가 예술가들에게 마냥 반가운 일일까? 돌이켜보면, 새로운 기술의 등장은 늘 예술가들의 저항을 불러오곤 했다. 19세기 사진술의 발명은 미술계의 거센 반발을 불러왔다. 당시만 해도 전통적인 예술은 인간의 '정신의 산물'인 반면, 사진은 예술이 아닌 '기계적 복제'로 여겨졌다. 사진기는 예술가들의 적이었지만, 동시에 반전과 창조의 계기도 되었다. 사진의 등장은 예술가들에게 사실주의에서 벗어나 추상화로 나아가는 계기가 되었으며, 인상주의가 생겨났고 20세기 현대미술 운동의 발전을 촉진했다. 이후 라디오와 레코드 기술의 발전으로 다시 한번 거센 반발이 일었다. 음악가들은 자신들의 일자리를 빼앗길 것을 우려했다.

라디오, 레코드, AI
_ Copilot

이후 제1차 세계대전은 반(反)예술적 태도를 불러와 당시의 전통적 예술을 철저히 깨뜨리는 시도들이 생겨났다. 예술은 개념적이고 지적 유희로 확장되었다. 많은 논란을 불러일으킨 마르셀 뒤샹(Marcel Duchamp)의 "독신자들에 의해 발가벗겨진 신부(The Bride Stripped Bare by Her Bachelors, Even)"라는 작품은 그 대표적인 예이다. 독신자들의 에너지가 기계적 움직임을 통해 위로 올라가지만, 결코 신부에게 도달하지 못하도록 설정한 난해한 개념도이다. 뒤샹에게 미술은 '손으로 그린 회화'가 아니라 개념적 사고의 결과물일 뿐이었다. 그에게는 느닷없는 사고와 우연의 결과물도 예술이었다. 실제로 운송 중 유리가 깨졌을 때 이를 복구하지 않고 작품으로 남기기도 했다. 뒤샹은 기존의 예술 개념을 해체하고 재정의하였으며, 초현실주의와 개념미술(Conceptual Art)에도 큰 영향을 미쳤다.

2022년 콜로라도 스테이트 페어 미술대회에서
1위를 차지한 Jason Allen의 작품
_ Théâtre d'Opéra Spatial, ArtNew

최근 예술계에서는 AI 아트가 시도되면서 기계가 생성하는 예술에 대해 강하게 반발하고 있다. 2022년, 제이슨 앨런(Jason Allen)이 미드저니(Midjourney) AI를 이용해 제작한 작품(아래 그림 참조)이 미술대회에서 수상하자, "기계가 예술을 파괴한다"는 논란이 일었다. 이처럼 예술계에서는 기술 발전에 대한 거부나 저항이 역사 속에서 반복적으로 나타나고 있다.

돌이켜 보면, 기술은 예술의 안티테제가 되기도 했지만, 동시에 예술을 풍요롭게 만들어 오기도 했다. 사진과 카메라의 발전은 이미지 기록을 가능케 했고, 라디오와 레코드 기술은 아름다운 소리를 저장할 수 있도록 했다. 사진이나 레코드 대신 이제 그 자리는 인공지능 기술이 차지하고 있다. AI는 인간에게 고정관념의 족쇄에서 벗어나 창조와 혁신을 향한 또 하나의 방법론이 되고 있다. AI가 인간의 창의성을 가로막는 것이 아니라, 반대로 창의성을 촉발하고 인간과 협업하는 존재가 되고 있다.

  예술은 마법처럼 튀어나오는 것이 아니다. 피카소의 예술 역시 홀로 이룬 것이 아니다. 위대한 예술은 타자(사람, 로봇, 세상, 환경, 알고리즘 등)의 영향을 받으며 탄생한다. 즉 누군가의 창조 위에서 새로운 창조를 꽃피운다. 그런 점에서 피카소가 즐겨 인용하던 "훌륭한 예술가는 모방하고, 위대한 예술가는 훔쳐온다"는 말은 의미심장하다. 여기에서 '훔친다'는 의미는 단순한 모방과 복제가 아닌, 모방을 발전시켜 더 독창적인 형태로 창조한다는 뜻이다.

딥드림

그런 점에서 AI야말로 진짜 보다 더욱 진짜 같은 창조품을 만들어낼 수 있는 위대한 예술가는 아닐까? 실제로 생성형 AI는 미술, 음악, 전시 등 다양한 콘텐츠 창작 방식을 혁신하고 있다. 특히 멀티모달 AI는 텍스트, 이미지, 영상, 소리 등을 동시에 처리하여 기술과 예술의 경계를 완전히 허물고 있다. 예를 들어, 구글의 딥드림(DeepDream)은 초현실적인 이미지 생성 기술로, 사진이나 그림을 입력하면 특정 패턴을 반영한 몽환적인 스타일의 작품을 만들어낸다.

세계 최초의 AI 화가 로봇 '아이다(Ai-Da)'는 단순히 기존 그림을 변형하는 것이 아니라, 실제로 캔버스에 그림을 그려 예술 전시회를 개최한 바 있다. 또한, AI 연주 로봇 '시몬(Shimon)'은 5,000곡 이상의 음악과 200만 개 이상의 음악 모티프를 학습하여 즉흥 연주를 펼치고 다양한 음악 스타일을 융합하는 능력을 보여주었다. 이는 추론형 AI와 피지컬 AI가 결합된 사례에 가깝다.

근래 런던 테이트 모던에서 개최한 '일렉트릭 드림(Electric Dreams)' 전시에서 AI는 단순한 도구를 넘어 창작자이자 분석자이며, 감성교류의 촉진자로서 혁신적인 예술을 선보였다. 생성형 AI(새로운 화풍의 예술 창작), 추론형 AI(표정, 음성, 심박수 등을 실시간으로 분석하여 맞춤형 예술 제공), 피지컬 AI(로봇 아티스트와 관객 간의 실시간 감성 소통으로 몰입감 극대화) 등 여러 AI 유형이 스며든 아트 전시였다.

이처럼 생성형 AI, 추론형 AI, 피지컬 AI 등 인공지능 기술은 예술 작품을 다채롭고 흥미 있게 만들고 있다. 예술 발전에 협업의 파트너가 되고 전략적인 활용을 가능하게 한다. 또한 딥러닝과 빅데이터를 활용한 AI 기술은 예술가들에게 새로운 영감을 주며, 기존의 창작 방식을 혁신하는 역할도 한다.

인간과 AI의 협업은 앞으로 더욱 활발해질 것이며, 이는 예술의 발전에 중요한 전환점이 될 것이다. 한편, AI는 문화예술 분야에서도 비용 절감과 창작의 효율성을 높이고 있다. 오픈소스 AI 모델인 딥시크(DeepSeek)의 등장은 저비용·고성능 AI의 확산을 촉진하며, 적은 컴퓨팅 리소스로 높은 성능을 유지할 수 있도록 최적화 경쟁의 계기가 되고 있다. 이는 AI 기반 예술 창작의 접근성을 높이고, 예술가들이 AI를 활용할 수 있도록 돕는다.

앞으로 인공지능 기술은 예술가들이 새로운 창작 방식을 모색하는 데 있어서 더욱 유용한 요소가 될 것이다. 과거, 인간의 정신적 창조물로 여겨졌던 예술이 오늘날 과학과 함께 하는 예술로 변했다. 하지만 과학자가 아닌 예술가라고 설 땅이 없어지지는 않을 것이다. '만물과 예술의 영장' 인간은 다시 한번 기발한 상상력을 발동할지 모른다. 거스를 수 없는 시대의 변화를 적극적으로 포용하면서 수평적 사고, 새로운 창조적 발상으로, 테제·안티테제·신테제의 정반합(正反合)의 위대한 예술을 창조하면 어떨까?

게릴라 :
일상을 뛰어넘는 혁신가 AI

Guerrilla:
The Innovator AI
beyond Everyday Life

Part 3

게임 체인저로서의
인공지능

미디어스

 오늘날 영화산업의 최강자로 등장한 넷플릭스(NETFLIX)는 인공지능 추천 기술을 도입한 회사이기도 하다. 넷플릭스는 원래 우편으로 DVD를 팔던 회사였다. 창업자 헤이스팅스는 예전에 DVD를 빌린 뒤 연체료를 냈던 쓰라린 경험을 바탕으로 연체료 없는 DVD 대여 사업을 해야겠다고 마음먹었다.
 한편 당시 DVD 대여 사업으로 1등을 하던 경쟁업체 블록버스터는 연체료에서 많은 수익을 올렸다. 가령, DVD를 3일간 빌려 보는데 4천 원이라면, 이후 반납 기일을 넘겨 내야 하는 연체료는 날마다 세금처럼 붙었다. 열흘간 연체하면 1만 원의 연체료를 벌금으로 내야 했다. 대여료보다 더 많은 수입을 연체료로 올리는 기업은 필시 고객 불만이 쌓일 수밖에 없다.

1998년부터 DVD 대여업을 하던 넷플릭스는 2007년부터 스트리밍 서비스를 시작하면서 고객지향의 새로운 기술기업의 면모를 선보였다. 넷플릭스는 어떻게 혁신했을까? 먼저 고객의 불편 사항(Pain points) 해결에 고민하면서 혁신의 길을 열었다. 기술적으로 가능한가 아닌가를 따지기 이전에 연체료 사업모델을 어떻게 개선할까 고민했다. 결국 영화를 우편으로 부치는 방식이 아닌 스트리밍 서비스라는 파격을 만들어 냈다. 구독형 사업모델을 도입했고, 콘텐츠 소비의 방법을 완전히 바꿔 놓아 새로운 고객 경험을 누리게 했다. 여기에 정교한 인공지능 추천 알고리즘이 작동하면서 초개인화(hyper personalization), 개인맞춤형 AI 회사의 시스템도 갖추었다. 넷플릭스가 먼저 기술이 있어서 AI 추천 알고리즘을 만든 것이 아니다. 넷플릭스는 고객을 향한 변화와 혁신에 대한 사명감을 가지고 100만불의 상금을 걸고, 수 백 회 공모전을 벌였다. 도전자들을 흥분시킨 것은 넷플릭스의 남다른 데이터였다. 그것은 넷플릭스에서 자체 보유한 사용자들의 평점 자료와 영화에 대한 메타데이터 등 어디서도 구할 수 없는 데이터였다. 외부의 집단지성을 활용하여 내부의 혁신을 일으키는 오픈 이노베이션 전략을 구사한 끝에 마침내 더 정교하고 고객을 만족시키는 맞춤형 최적화 기술을 확보한 것이다.

넷플릭스는 이제 2억 명의 고객을 가진 기업으로 성장하여, 수십 년의 역사와 전통을 자랑하던 디즈니의 시가총액을 추월하였다. 반면, 고객 불만에도 아랑곳없이 연체료 수입에만 의존하던 블록버스터는 몰락의 길을 걸었다. 고정관념은 경직을 불러오고 후퇴를 부를 수밖에 없다.

최근에 OpenAI와 구글이 한국어 인공지능 챗봇을 내놓으면서 한국어 거대 언어모델(LLM) 역량 강화에 집중하던 국내 테크 기업의 발등에 불이 떨어졌다. 대표적인 사례로는 그간 한국어 대규모 언어모델을 준비해온 하이퍼클로바x, 그리고 챗GPT 보다 수천 배 한국어를 더 학습시켰던 한국형 챗지피티(KoGPT) 등을 들 수 있다. '데이터 주권'을 지키기 위한 이들의 노력은 가상하다고 할 수 있을 것이다. 한국인으로서 한국인의 생각을 반영하고 가장 매끄러운 한국어 모델을 만들려는 노력은 자연스러운 일이다.

하지만 이들의 한국어 고도화 노력과 함께 새로운 완전히 다른 게임, 즉 게임 체인저(game changer) 전략도 생각해볼 필요가 있다. 어차피 챗GPT의 한국어판은 그들이 만들어놓은 게임을 로컬에서 보완하는 기능이다. 오늘날 페이팔 마피아의 대부 피터 틸(Peter Thiel)의 철학으로 보자면, 이미 만들어진 제품을 지역의 실정에 맞게 확산시키는 로컬라이제이션(localization)에 해당한다. 소위 '페이팔 마피아'는 페이팔이라는 전자결재 회사에서 함께 일하다가 매각 후 흩어져 오픈 AI, 페이스북, 유튜브, 링키드인,

테슬라 등 전 세계 테크 플랫폼의 상당수를 지배하는 기업을 만들어낸 그룹을 말한다.

　서둘러 가던 안 가던 챗GPT는 그들이 구축한 세상이다. 그들이 구축한 세상에서 아무리 열심히 해도 결국 그들의 시장에 통합될 것이다. 그들의 게임이다. 우리가 똑같은 모델을 가지고 아무리 열심히 해도 이미 기울어진 운동장이다. 과거 수십년 동안 국내 플랫폼을 지배해온 토종 플랫폼은 데이터 주권을 지켰을까? 많은 성과도 있었지만, 결국 검색시장에서 구글에게 자리를 내주거나 추격당하고 말았다. 2025년 5월 미국 마케팅 조사 업체 샘러쉬(SEMrush)에 따르면, 지난달 4월 한국에서 구글 접속자 수는 6억 6788 만 명으로 같은 기간에 한국에서 네이버에 접속한 숫자(누적)인 4억 2137 만 명을 추월했다. 구글은 작년보다 44% 증가했고, 네이버는 26% 하락했다. 같은 기간 카카오와 다음의 누적 접속자 수는 7,675만 명으로, 작년보다 13.6% 급락했다. 네이버와 다음의 누적 접속자 수를 합쳐도 약 5억 명으로 토종 플랫폼이 현저히 밀리고 있다.

이는 비단 자본의 힘 때문만은 아닐 것이다. 한국인들의 글로벌 노마드 근성도 한 몫 하였으리라고 본다. 이미 바깥의 넓은 세상을 수없이 체험한 한국인들은 세계가 돌아가는데 호기심이 많고 상상력도 가득하다. 코로나가 끝난 이후 한국인 출국자수가 12배 폭증한 이후[5] 베트남·괌·사이판, 필리핀·일본, 유럽까지 한국인들은 세계 곳곳을 누비고 있다. 또한 온라인 상에서도 한국인은 구글, 넷플릭스, 메타, 네이버, 카카오 등의 순으로 일일 평균 100만명 이상, 트래픽 비중 1% 이상 플랫폼에 접속하는 것으로 나타났다.[6] 이미 한국인은 글로벌 플랫폼 선호 현상을 보이고 있다.

아주 멋진 한국어 언어모델이 등장하면 한국인의 자존심을 지키고, 한류 인구에 편리함을 제공하는 효과도 기대해볼 수 있을 것이다. 하지만 이와 무관하게 플랫폼을 결정하는 요인은 기획자가 아니라 세상 돌아가는데 호기심 가득한 노마드다. 콘텐츠를 소비하는 고객이 플랫폼을 결정한다. 게임 체인저가 되지 못하면, 레드오션에 빠질 수도 있을 것이다. 남다른 혁신 기술과 전략으로 남들이 한 번도 안 가본 새로운 시장을 개척해야 한다. 그런 점에서 해외의 기업이 초거대 모델에 집중할 때, 가령, 우리는 초소형 모델에 주목하고, 시간, 에너지, 물, 탄소배출 등에서 그들이 문제를 발생시킬 때, 우리는 그들에게는 없는 새로운 모

---

[5] 2023년 1월 한국인의 해외 출국자 수는 178만 2,313 명으로 전년 대비 1,108.9%(약 12배) 증가[데이터: 한국관광공사]. 2022년 유럽 기차여행 수요는 전년보다 3,884% 증가[데이터: 유레일(Eurail)]
[6] 과기정통부 2025년 4월 데이터

델로 혁신을 일으켜야 하지 않을까? 경쟁자와 경쟁하지 않을 상상력을 먼저 펼치는 데 에너지를 집중해보면 어떨까? 전국 대학생 및 청년들을 대상으로 챗GPT 없는 새로운 인공지능 관련 아이디어 공모전을 벌여보면 어떨까? 인터넷이 없었던 시절 인터넷을 생각했던 것처럼, 전혀 상상하지 못했던 AI Thinking의 새로운 상상력을 펼치도록 지원하면 어떨까?

페이팔 마피아 _ 위키피디아

기존의 게임 속에서 창출된 시장에서 원래의 제품/서비스를 카피하여 확대 적용하는 것은 똑같은 것을 조금 더 잘하는 방식이다. 페이팔 그룹의 대부 피터 틸(Peter Thiel)은 이를 수평적 확장(1⇨n 전략)이라고 불렀고, 완전히 새롭게 없는 것을 만들면 게임 체인저가 되는 제로 투 원(0⇨1 전략)으로 보았다. 새로운 기술은 저절로 나타나지 않듯이 되는 더 나은 미래도 저절로 찾아오지 않는다. 역사적으로 세상을 더 나은 곳으로 변화시킨 주체는 사명감을 가진 소규모 집단이라고 역설했다.

　스타트업으로 시작하여 오늘날 한국의 플랫폼의 중추가 된 테크 기업들은 우리나라의 혁신을 주도해온 사명감을 가진 존재들이다. 반란과 혁신의 DNA를 가지고 이제 스타트업 초심으로 돌아가 전혀 새로운 게임의 룰(기술, 서비스, 제품)을 만들면 어떨까? AI 경쟁에서도 마찬가지다. 페이팔 마피아의 대부, 피터 틸은 한국인 김위찬의 블루오션 철학을 연상케 하는 말을 했다.

　"경쟁에 집착하지 말고 창조에 집중하라. 경쟁은 파괴를 가져오고 무대를 만든 경쟁자들을 키워줄 따름이다."

꿀벌과
인공지능 게릴라

20여 년 전, 경영혁신 사상가 게리 해멀(Gary P. Hamel)은 우리에게 "시키는 일만 하는 꿀벌이 될 것인가? 창조하고 혁신하는 게릴라가 될 것인가?(그의 저서 『Leading Revolution』)"라는 두 노선을 대비시키면서 경영혁신에 관한 상상력을 부추겼던 적이 있다. 서머셋 모옴(William Somerset Maugham) 역시 『달과 6펜스』에서 최소 단위를 얻으려고 바둥거리는 타성적 삶(6펜스)과 꿈을 향해 달려가는 이상의 세상(달)을 극적으로 대비시킨 바 있다.

꿀벌은 일정한 틀 속에 갇혀 반복적인 일을 하면서 무언가를 나르고 생산하는 이미지를 지녔다. 반면, 여기에서 게릴라는 달을 찾아 종횡무진으로 도전하는 야심찬 혁신가-때로는 '문샷 프로젝트'-를 의미한다. 게리 해멀은 조직이나 기업이 미래를 창조하는 데 실패하는 이유는 미래를 예측하지 못하기 때문이 아니라 다르게 생각하고 상상하지 못하는 꿀벌의 타성 때문이라고 강조했다. 즉, 혁신기업들의 성공비법은 다른 상상력으로 게임의 법칙을 바꾸었기 때문이라는 것이다.

오늘날 인공지능 기술은 '꿀벌과 혁신'이라는 이분법을 허물고 있다. 인공지능은 일상의 틀 속에 갇혀있는 꿀벌의 생태계에 새로운 혁신의 길을 열어주고 있다. 날마다 지루한 일을 반복하는 꿀벌도 AI 시스템에서는 혁신의 아이콘이 될 수 있다는 뜻이다. 그럼, 현실에서 'AI 시대 꿀벌'의 생태계는 어떻게 변화되고 혁신될 수 있을까?

꿀벌 _ Copilot

우리 주변에 꿀벌이 사라지고 있다. 한 해에도 꿀벌 수백 억 마리가 사라지고 있으며, 미국에서만 연평균 45%의 꿀벌이 사라졌다고 한다.[7] 꿀벌이 멸종하면 인류도 멸종한다는 경고는 우리

---

7 2025년 기준 꿀벌 관련 비영리단체 BIP(Bee Informed Partnership)의 조사에 따르면꿀벌 수백 억 마리가 사라졌다고 한다. 2022년 기준으로 꿀벌 78억 마리가 사라진 것으로 조사 됨.

의 가슴을 철렁이게 한다. 꿀벌은 인류에게 중요한 역할을 한다. 전 세계 식량의 90%를 차지하는 100대 농작물 가운데 70% 이상 이 꿀벌의 수분 활동이 있어야 생산된다(유엔 식량농업기구 FAO). 꿀벌이 식물 사이를 날아다니면서 꽃가루를 옮겨주기 때문에 우리 인간은 맛있는 과일, 채소, 견과류 등 농작물을 먹을 수 있고, 무엇보다 달콤한 꿀과 로얄젤리 등을 즐길 수 있다. 2017년 유엔은 '세계 벌의 날(5월 20일)'을 지정했다. 꿀벌 생태계의 복원을 기원하면서, "인공지능은 어떻게 꿀벌 생태계를 도울까?"라는 질문을 던져본다.

먼저 꿀벌의 생태계를 살리려면 인공지능은 기계학습을 통해 여왕벌과 일벌의 행동을 모방하고 모니터링해야 한다. 꿀벌의 생태계는 여왕벌, 일벌, 수벌로 이루어진다.

여왕벌은 종족의 대를 이어가는 역할을 하기에 수벌과 성체를 통하여 몸속에 정자를 보존하고 생명을 잉태한다. 여왕벌은 페르몬을 방출하여 일벌 여성들의 난소 발달을 억제한 뒤, 혼인 비행 시기가 오면 몰려드는 수벌 중 가장 힘센 수벌을 만나 성체를 한다. 여왕벌과 수벌은 성체 외에는 아무 일도 하지 않는다. 여왕벌은 한 번에 3천여 개의 알을 낳고 수명(약 5-7년)이 다하면 추방당하거나 죽임을 당한다. 수벌 역시 여왕벌과 교미한 뒤에는 바로 죽음을 맞는다.

일벌은 AI시대에도 결코 대체될 수 없는, 멀티 테스크 기능을 수행하는 능력자다. 여왕벌의 충직한 부하로, 사냥꾼, 건축가, 영양사, 간호사, 군인 등 만능이다. 일벌은 여성으로서 난소 기능은 억제되지만, 여왕벌에게 먹이를 주고, 로열젤리를 생산해 여왕벌이 낳은 새끼를 키운다. 아기 일벌은 출생 후 20여 일이 지나면 꿀과 꽃가루를 수확하는 사냥꾼이 된다. 밀랍으로 왕국을 짓고 청소도 한다. 침입자가 등장하면 왕국을 지키기 위해 무기(독침)를 들고 장렬하게 싸우는 여전사가 된다. 이렇게 성실하고 충직한 삶을 살지만 수명이 다하면 왕국을 보호하기 위해 마을에서 멀리 떨어진 곳으로 가서 죽는다.

여왕벌 _ Copilot

꿀벌을 돕는 인공지능의 몇 가지 대표 사례를 보자. 먼저, 꿀벌의 개체 수 감소로 어려움을 겪고 있는 상황에서 인공지능으로 작동하는 로봇(대표적 사례 : 보로로얄 RoboRoyale)은 여왕벌에게 먹이를 주는 역할을 한다. 인공지능을 활용한 이 로봇은 여왕벌의 생산 속도를 높여 궁극적으로 더 강한 군체와 더 높은 수분 활동을 산출한다. 또한, 인공지능 로봇은 일벌의 행동을 모방하여 여왕벌에게 필수적인 로열젤리를 먹여주고, 몸단장을 도와 번식 혁명을 촉진한다. 인공지능 로봇이 먹이를 주는 작은 펌프와 몸단장 액추에이터를 통합한 결과, 꿀벌의 개체 수를 늘려갈 혁신적인 벌집 관리 시스템이 탄생한다.

하버드대 마이크로 로봇랩에서 만든 로봇벌(RoboBees)

하버드대학교가 개발한 마이크로 로봇 벌(RoboBees)도 흥미롭다. 이 로봇은 자연 꿀벌을 모방한 '스마트 센서'를 보유하고, 초당 약 120회 비행하는 파리의 날갯짓을 한다. 공중에서 비행하고 물에서 수영도 할 수 있다. 이 로봇은 자연 꿀벌의 수분 과정 등 행동을 복제하여 감소하는 꿀벌 개체수를 대체한다. 자율적인 작물 수분을 통해 농업 생산성을 높일 수 있다. 감시, 수색은 물론이고, 구조 작업에서 비행경로를 최적화하며 효율적인 작업 수행을 돕는다. 기후 조건, 농경지 상태, 오염 물질을 실시간으로 모니터링하여 농업 관리에 중요한 데이터를 제공한다. 접근이 어려운 지역에서도 데이터를 수집할 수 있으며, 소형 배터리와 태양열 발전 시스템을 이용해 무선으로 비행할 수 있어 다양한 환경에서 응용될 수 있다.

이 혁신적인 기술은 인공지능과 컴퓨터 공학은 물론이고 생물학, 신소재학, 해부학 등 여러 분야의 지식을 결합하여 개발되었다. 로봇 벌은 초소형 로봇 분야에서 획기적인 진전을 이루며 농업 방식을 혁신할 가능성을 보여주고 있다.

이스라엘 스타트업 비와이스(BeeWise)는 태양열로 작동하는 로봇 벌집 안에서 인공지능으로 온도와 습도를 실시간으로 측정하여 최적의 환경을 유지토록 하는 장치를 개발했다. 이미지 인식을 통해 꿀벌의 건강 상태를 확인하며, 일벌의 위치와 밀집도를 분석한다. 기계 학습을 통해 질병을 예측하고 예방하며, 딥러닝 음향 분석 기술로 말벌 침입을 감지한다. AI는 온도, 습도, 이산화탄소 등을 모니터링하고 관리하며, 살충제와 해충으로부터 위협을 감지하고 격리한다. 사람의 개입 없이 실시간으로 위협에 대응한다. 이렇게 하여 AI는 꿀 생산에 영향을 미치는 요소를 24시간 내내 실시간으로 관찰하고 자동 꿀 수확을 촉진한다. AI와 컴퓨터 비전을 사용한 벌집(Beehome)을 개발하여 꿀 생산을 증가시키고 꿀벌을 보호한다. 비와이스는 70억 마리 이상의 꿀벌을 관리하며, 비홈은 꿀벌 폐사율을 줄이고 수확량을 증가시키며, 육체노동을 약 90% 줄였다고 한다.

한편, 360도 촬영 가능한 카메라를 동반한 AI는 벌통에 부착되어 벌들의 이미지를 수집하고, AI는 이를 분석해 진드기 감염을 감지한다. 감염이 확인되면 양봉 관리자에게 경고 알림과 이미지를 스마트폰 앱으로 전송하여 감염된 벌집을 격리한다. 태양열 전원과 배터리로 작동하며, 내구성 있는 방수 소재로 제작되어 다양한 기상 조건에서도 사용할 수 있다. 이 기술은 양봉농가의 노동력을 줄이고 꿀벌 폐사율을 낮추는 데 도움이 된다.[8]

요컨대, AI는 꿀벌 생태계에 새로운 혁신가로 등장하고 있다. AI는 다람쥐 쳇바퀴처럼 지루하게 돌아가는 꿀벌의 왕국에 변화와 혁신을 전파한다. 질병 감지, 꿀벌의 행동 모방, 로열젤리 생산 촉진, 꽃의 위치탐색, 경로 최적화, 꿀의 수확 증대, 온도와 습도 측정, 기후 변화에 대응 등 모두가 AI의 몫이다. 기계학습으로 꿀벌들의 행동을 분석하여 비행경로를 최적화하고 생존과 번영을 돕는다. 비전 AI는 이미지 인식을 통해 꿀벌들의 상태를 분석하고 질병을 조기에 감지한다. AI 로봇 꿀벌은 꿀벌들의 효율적인 작물 수분을 돕는다. 또한, AI 기반 모니터링 시스템은 기후 환경 정보를 수집하고 꿀벌들의 행동을 조정할 수도 있다.

그럼에도 불구하고, 만약 꿀벌이 멸종되는 날이 온다면, 우리 인간은 인공 꿀벌을 만들어서 생태계를 새롭게 창조해야 할지도 모른다. 하지만 모든 게 인위적이라 두렵기도 하다. 세상엔 늘 작용과 반작용의 법칙이 있듯이, AI가 인공 꿀벌 왕국을 세우는 날이 오면 생태계에 또 어떤 균열이 일어날지 아직 우리는 잘 모르기 때문이다. 그래서 늘 다른 상상력으로 게임의 법칙을 보는 태도가 필요하다. 새로운 눈으로 질문을 던져야 한다. 혁신이 만연한 인공지능 시대에 필요한 것은 인공 꿀벌로부터 자연의 꿀벌

---

[8] Signals 2022, 3(3), 506-523

을 지키는 것일 수도 있겠다. 그때는 '혁신의 전사(guerrilla)'가 아니라 '역혁신(reverse revolution)의 천사(angel)'-다시 말해서, 최적의 자연 꿀벌 생태계 실현을 위해, AI 기술에 인간의 착한 상상력을 더하는 일을 떠맡는 천사(angel)가 되어야 할지도 모르겠다.

꿀벌 왕국 _ Copilot

혁신가와 착한 AI의 딜레마

2023년 인공지능 최대의 사건은 오픈AI의 사태(CEO 샘 알트먼의 해고와 복귀의 노선투쟁)일 듯하다. 이 사건을 통해서 '착한 AI'의 딜레마를 생각해볼 필요가 있다.

원래 OpenAI는 상업주의가 아닌 '안전한 AI', '착한 AI', '오픈 AI' 철학을 내걸고 등장했다. 인공지능이 언젠가 지능 증강으로 스스로 능력을 재설계하는 날이 오면 인간 절멸로 이어질 수 있다는 문제의식에서다. 이에 비영리 단체 오픈AI를 설립하여 AI의 가속적 발전 속에서 안전한 '홍익 AI'의 창조를 약속했다. AI 도구에 안전성을 내장하고, AI의 오용이나 남용을 막아 "온 인류를 이롭게 하는 안전한 범용 인공지능(AGI)을 창조할 것(Creating safe AGI that benefits all of humanity)"이라고…

이 얼마나 고귀한 생각인가? 이같이 고귀한 뜻에 찬성하는 사람들이 모여서 이룬 오픈AI 챗GPT는 역설적으로 AI의 상업화 경쟁에 불을 붙였다. 구글도 질세라 멀티 모달 AI(Multi Modality AI)로 텍스트, 음성, 이미지, 영상 등이 함께 하는 제미나이(Gemini)를 발표했고, 페이스북/메타는 대화형 메타AI를 기반으로 AI비서 라마 시리즈를 내놓았다. 오픈AI만이 아니라 구글과 메타도 기술 공개와 사회책임 등 착한 기업의 이미지를 한 자락씩 보여 주려고 한다.

페이팔 마피아 _ Aura Capital

과연 "착한 AI"는 가능할까? 착한 AI의 딜레마를 이해하기 위해서 무엇보다도 오픈 AI를 주도한 사람들이 페이팔 마피아라는 점에 주목해야 한다. 2015년, 일런 머스크(테슬라, 스페이스X의 창립자)는 샘 알트먼(와이 콤비네이터 대표), 피터 틸(팔란티어 대표), 레이드 호프먼(링크드인의 창립) 등과 함께 오픈AI 창립자금 10억 달러(1조원 이상)를 모으면서 탄생했다. 그런 점에서 챗GPT의 등장은 페이팔 마피아가 오픈 AI 마피아로 이합집산하면서, 새로운 시대를 예고하는 사건이라고 해도 과언이 아니다. 페이팔(PayPal)은 미국 1세대 핀테크 회사로, 고객들이 페이팔에 신용카드나 은행 계좌를 등

록해두면 간편하게 결제와 거래를 할 수 있도록 중개해주는 서비스였다. 이들이 마피아로 불린 이유는 이베이에 페이팔을 팔고 나서 다시 창업 세계를 장악하고, 자기 네트워크에 들어오는 창업자들을 전폭 지원하여 모두 거부로 성공시켰기 때문이다.

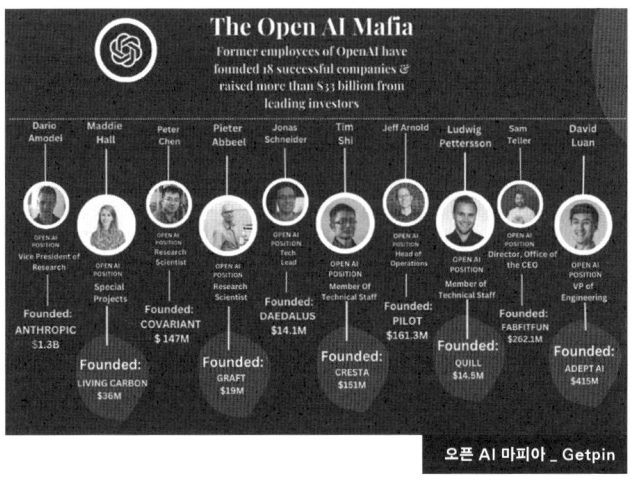

오픈 AI 마피아 _ Getpin

이들은 처음부터 착한 기업 철학을 가진 사람들이 아니라 기업가 정신과 혁신 기업의 DNA 소유자였다. 즉 이들은 따뜻한 물에 사는 개구리로 안주하는 삶보다는 재창업과 벤처 투자를 통해 리스크를 감수하면서 도전하는 삶을 사는 정신을 고취시켜 실리콘벨리의 창업 생태계 형성에 지대한 영향을 준 사람들이었다. 2023년 9월 기준으로 이들이 창업하거나 인수한 기업들의 시가 총액을 단순 합하면, 그 규모가 1조 달러를 능가한다. 이렇게 도전과 혁신의 DNA를 체화하고 살아온 마피아들에게 "경쟁의 속도를 멈춰라!"라고 요구하는 것은 "거기서 안주하라!" 이상의 것, 어쩌면 "삶을 포기하라!"는 요구로 받아들여질 수도 있었을 것이다.

부를 축적한 사람들은 노블레스 오블리주(Noblesse oblige)를 내걸고, 사회책임(Social Responsibility), 즉 기업이 속한 사회에 혜택을 주어 사회적 공익을 실천하고자 한다. 이런 배경 속에서 '이익을 위한 정의'냐, '정의를 위한 이익'이냐의 선택의 딜레마에 직면하고 있다. 그 한계와 딜레마를 극복하려는 시도 중의 하나가 사회적 기업이라고 할 수 있는데, 오픈AI도 이 딜레마에 빠진 것이다. 안전한 AI, 착한 AI의 구현(즉 사회적 문제 해결과 정의 실현)을 위하면서도 자본주의적 이윤추구 원리를 도입하고 있으므로 이들은 처음부터 딜레마를 안고 시작한 셈이다. '기업의 이윤추구가 사회적 책임 실천과 함께 갈 수 있는가?'하는 고전적 논의에 더하여 AI 기업에는 기술 발전 자체가 사회공헌이라는 시각도 있다. "AI 기술이 없는 것이 오히려 안보 위협"이 된다는 말이 바로 그것이다. 기술 발전과 생산성 혁명/상업화를 위해 질주하는 AI 기업에게는 더욱 그러하다. '이익을 위한 정의'는 아무리 아름답게 포장해도 결국 이익이 우선이고, 반대로 '정의를 위한 이익'은 아무리 고귀해도 기업 고유의 일이 아니기 때문이다. 이 딜레마는 '착한 AI'와 상업주의 간에 건널 수 없는 깊은 심연(深淵)이 놓여있다는 점을 암시한다.

이같은 근원적인 딜레마 속에서 '착한 AI, 안전한 AI'라는 명분은 구글 브레인(Google Brain)의 핵심 과학자들의 마음을 움직였다. 여기에 더하여 딥러닝의 아버지로 불리우는 요슈아 벤지오 (Yoshua Bengio) 교수가 합류하면서 세계 최고봉의 AI 인재들이 영입되었고 구글과 페이스북(메타)보다 더 많은 급여 인센티브가 선물 보따리로 제시되었다. 오픈AI는 아이러니하게도 돈의 철학을 배격하면서 돈으로 최고의 인재를 불러들인 셈이다.

AI 상용화의 과제를 오징어 게임에 비유하고 있다_ Forbes

하지만 이들이 단순히 돈에 지배받는다고 말하기 어려운 점(즉 '오픈AI 마피아'의 특징)은 남들이 가보지 않은 새로운 영역을 개척하여 독점적 시장을 만들고자 하는 사람들이라는 사실이다. 이들에게 AI의 가속 발전과 상업화를 우려하는 것 자체가 이상한 요구로 들릴지도 모른다. 깊고 넓은 바다 속에서 태어나 오대양을 누비던 고래에게 육지의 삶을 살지 않는다고 나무라는 것과 같다. 샘 알트먼이 AI 개발 속도와 AI 고도화 및 사업화 경쟁에 속도를 낸다는 이유로 회사에서 쫓겨난다? 안전하고 착한 AI로 돌아가기 위해 AI 개발 속도를 늦추라는 이사회의 요구는 샘 울트먼에게는 처음부터 수용 불가능한 주문이었다.

CNBC는 최근 글로벌 테크기업들에게 생성형 AI는 '마법의 언어'가 되고 있다고 했다. 구글 알파벳의 CEO 순다르 피차이는 AI를 무려 66번 언급했고, 마이크로소프트 CEO 사티아 나델라는 47번, 페이스북 메타의 CEO 마크 저커버그는 42번 강조했다. 상업화의 성과도 나오고 있다. 오픈AI가 챗GPT를 탄생시키기 1년 전에는 현재 상위 50곳에 포함된 생성형 AI 기업은 존재하지도 않았다. 오픈AI를 비롯하여 이들 대부분은 구독 모델을 통해 수익을 창출하고 있고, 대부분 상업화에 성공하고 있는 것으로 조사됐다. 정보기술(IT) 전문매체인 더 인포메이션에 따르면 오픈AI는 올해 13억달러(약 1조7500억원)의 매출을 올렸다. 시장조사기관 그랜드뷰리서치(Grand View Research)는 생성형 AI 시장 규모가 지난해 101억 달러(약 13조 원)에서 2030년 1,093억 달러(142조 원)로, 열 배 이상 크게 성장할 것으로 전망했다.

그럼 AI의 가속 패달 속에서 착한 AI는 설 땅이 없다는 뜻인가? 아니다. 그래도 답은 있다. 다만 창의적이어야 한다. 기업이익과 사회적 책임의 딜레마를 극복한 사례는 모두 창조, 혁신의 사례. LG전자는 인도에서 '모스키토 어웨이 TV(모기 쫓는 TV)'를 내놓았고, 아프리카에선 말라리아 모기 퇴치용 에어컨을 출시했다. 모두가 환경오염의 문제를 우려할 때, 어떤 기업은 자동차의 매연을 줄이는데 골몰했지만, 어떤 기업은 완전히 게임의 룰을 달리하는 친환경 전기차를 내놓았다. 타협적이거나 어중간한 해법은 답이 되지 않는다. 착한 AI와 상업주의의 대립을 넘어 인간과 AI의 완전한 협업 모델이 창조될 때만 정답이 된다는 뜻이다.

이런 현실은 오늘날 생성형 AI를 둘러싼 별들의 전쟁 (구글, 오픈 AI-MS, 메타-IBM, 애플 등 이른바 '가피아 GAFIA 전쟁') 속에서 초거대 AI 생태계 구축에 나선 한국 토종 AI모델을 추구하는 기업들에게도 시사점을 줄 수 있을 것이다. 전혀 다른 게임, 즉 새로운 게임의 룰을 사용하여 AI의 딜레마를 극복하는 일에는 결국 창조만이 답이다.

역사+AI :

창조는
혼돈의 가장자리에서

　창조는 '혼돈의 가장자리(edge of chaos)'에서 탄생한다. 이 가장자리는 질서와 무질서가 만나는 전이 공간(transitional space)으로, 경계를 의미한다. 복잡한 공간에서 생명체는 최적의 적응과 창발적 행동으로 새로운 가능성을 만들어낸다. 창조는 이러한 경계에서 질서와 혼돈의 상호작용과 역동성 속에서 생겨난다.

　『탁월한 아이디어는 어디에서 오는가』의 저자 스티븐 존슨은 지난 7백 년의 역사적 사례를 분석하면서, 탁월한 아이디어는 제약이 없는 환경에서 융합, 연결, 재결합하면서 나왔다고 주장한다. 영국 산업혁명기의 많은 창의적 발상들은 옥스퍼드대학보다는 계급과 신분을 넘어 자유로운 혼돈의 카페에서 태동했고, 인쇄술은 흑사병이 창궐한 혼돈 속에서 나타났다.

　역사는 끊임없이 변천한다. 문사철(文史哲)의 핵심 영역인 역사에도 인공지능 기술이 스며들고 있다. 구글 딥마인드와 옥스퍼드대는 AI를 활용하여 고대 그리스 비문을 해독했다. AI는 수십만 홀로코스트 생존자들의 사진을 분석하여 행방을 추적한다. 자연어 처리(NLP), 광학 문자 인식(OCR), 필기 텍스트 인식(HTR) 기술은 희생자들의 기록과 자료를 복원하는 데 사용된다. 개체명 인식(NER) 기술로 인명, 지명, 시간을 식별하고, 과거 사진이나 이미지에서 객체를 탐지(Object Detection)한다.

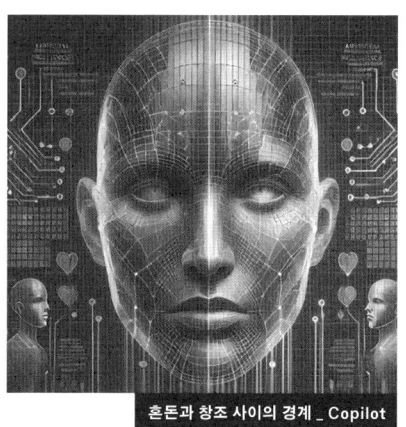

혼돈과 창조 사이의 경계 _ Copilot

역사라는 시간적 맥락 속에서, 인간은 욕망과 고통(pain points)을 해결하는데 AI 통찰력을 얻을 수 있다. 먼저 문제정의를 위한 질문을 던져야 한다. 혼돈과 창조 사이의 인과적 관계는 무엇인가? 혼돈의 가장자리에서 나타나는 창조의 패턴은 무엇인가 등등… 그리고 관련 데이터를 수집해야 한다.

첫째, AI를 역사에 활용하려면 사건에 관한 데이터를-시기별 사건과 주요 변화, 사회적, 정치적, 경제적, 문화적 요인 및 성장과 혁신 지수 등을-상세히 모을수록 좋다. 역사에서 혼돈과 창조의 패턴을 분석하는 AI 알고리즘을 개발하고, 그 모델로 기계학습을 시킨다. 역사적 맥락은 대체로 시간적 관계에 속한다. 순환 신경망(RNN)은 시간에 따라 변화하는 시계열 데이터이기 때문에 역사, 문장, 시세 등 순차적인 이야기를 전개하는 데 적합하고, 흐름을 예측하는 데 유용하다. 한편 생성형 AI에 속하는 트랜스포머(Transformer) 모델은 RNN처럼 차례로 처리하지 않고 문장이나 키워드를 동시다발적으로 병렬 처리하므로 속도가 빠르고, 자기주의 메커니즘(self-attention) 덕분에 긴 문맥이나 복잡한 시간적 변화와 연관성을 분석하기에 유리하다. 속도와 정확도가 높아서 역사에 AI를 활용하는 데 효과적이다.

둘째, AI는 혼돈과 창조 사이의 인과적 연결성을 분석하여 창조를 촉진하는 패턴을 찾아내고 메커니즘을 추론할 수 있다. 어떻게 혼돈(예: 봉건제 붕괴, 노동 구조 변화에 따른 갈등)이 창조로 진화(예: 철학·과학·예술의 발전, 자본의 축적)되었는지 분석한다. 이러한 연관성을 그래프 기반 네트워크 모델(GNN)을 통해 시각화하면 더욱 명확해진다. GNN은 혼돈의 요소와 창조를 연결하는 네트워크를 시각화하고, 각 사건과 인과 관계의 중요도를 평가할 수 있다. 또한, GPT와 같은 생성형 AI 언어 모델을 활용하여 혼돈과 창조와 관련된 핵심 키워드와 관계를 표시하는 서술형 패턴을 생성하고, 창조적 혁신과 관련된 시나리오를 도출할 수 있다.

셋째, 우리 역사에도 '혼돈의 가장자리와 창조' 이론을 적용할 수 있다. 과거의 어두운 시절에는 '안티테제의 변증법'이 성숙한 시민 역량과 새로운 DNA를 형성하는 계기가 되었다. 어둠이 빛을 열망하게 만든 것처럼, '혼돈의 가장자리'는 강력한 창조의 촉매로 작용했다. 하지만 어둠이 없으면 빛도 사라진다. 어둠과 빛이 양면의 쌍둥이듯이, 혼돈과 창조도 동전의 양면과 같다. 예컨대, 1997년 외환위기는 한국 사회에 큰 혼란을 초래했으나, 경제개혁과 구조조정을 통해 경제 체질을 개선하고 혁신 경제로의 전환을 이루는 계기가 되었다. 이 과정에서 IT 산업과 벤처붐이 일어나 새로운 도약의 기반이 되었다. AI와 인과 추론 모델(예: PSM 및 Do-Cal 모델)을 활용하면, 외환위기가 IT산업 성장과 같은 창조적 결과로 이어진 메커니즘을 분석할 수 있다.

외환위기를 맞아 나라를 살리기 위해 금 모으기 운동에 나선 사람들 _국민일보

시간의 흐름에 따라 사건 간 연속성과 상관관계를 분석하기 위해 RNN 모델(LSTM, GRU 포함)과 트랜스포머 모델을 활용하여 시계열 데이터를 학습할 수 있다. 이를 통해 역사적 변화의 패턴을

분석하고, 혼돈과 창조가 발생하는 시점과 구조를 예측할 수 있다. 또한 감정 분석 모델을 통해 당시 대중의 열망을 분석하여 창조적 변화의 동기를 이해할 수 있다. 강화학습 기반 모델은 특정 정책이 혼란에서 혁신으로 이어지는 경로를 시뮬레이션하여, 외환위기와 같은 혼돈에서 창조적 결과를 촉진한 주요 요인을 파악하는 데 유용하다.

역사에 혼돈은 있게 마련이다. 만약 국가나 조직이 어떤 혼돈도 없이 지극히 안정된 상태에 고착되면 생명력을 잃고 멸종한다. 따라서 우리는 갑자기 밀어닥친 '혼돈' 속에서 좌절하기보다 혼돈이야말로 새로운 '혁신과 창조'를 낳을 수 있는 기회이자 역동의 공간이라는 생각으로 임하고 도전하는 자세가 필요하다. 인간과 협업하는 AI 에게도 이러한 통찰과 지혜의 데이터를 제공(Human Feedback)하면서 창조적 패턴을 발굴하고 추론할 필요가 있다.

역사는 반복된다. 헤겔은 세계사에서 중요한 사건과 인물들은 반복된다고 했다. (프랑스 혁명을 관찰한 마르크스는 "한번은 희극으로, 또 한번은 비극으로!" 반복된다고 했다). "모든 것은 이미 말해졌지만 아무도 듣지 않기에 언제나 다시 시작해야 한다"는 앙드레 지드의 경고는 우리를 슬프게 한다. 혼돈의 역사 데이터와 경구를, 때가 되면 알려주는 AI 알고리즘은 어떨까?

축구 산업의 게임체인저

AI 혁신

아시아 축구연맹(AFC)은 축구공과 선수들의 모션 정보를 트래킹하여 15-25초 내로 빠르게 판독할 수 있도록 하는 AI 연동 신기술 SAOT(반자동 오프사이드 기술 Semi Automated Offside Technology)을 도입했다. 선수들의 팔다리의 움직임을 추적한 데이터와 축구공을 추적한 데이터를 합쳐서 AI로 판독하는 이 신기술은 공이 공격수에 전달되고 패스하는 순간 오프사이드 위치에 있었음을 자동으로 알려주는 시스템이다. 불완전한 우리 인간의 오판율을 완전히 줄여서 경기의 흐름이 끊기지 않도록 하겠다는 이야기다. 한편, 네이버는 초거대 AI 기술을 활용해 선수들의 실적과 강약점을 알 수 있는 선수 리포트를 선보였다.

AI는 축구 산업의 판도를 바꿀 게임 체인저로 떠올랐다. 축구에 적용된 AI 기술은 선수를 분석하고 스카웃하는 데 유용하지만, 팬들을 흡인하고 관리하는 데도 매우 유용하다. AI는 축구를 단순히 엔터테인먼트를 넘어 팬 중심의 리그로 만들어가고 있다. AI를 활용하면 팬클럽의 정보나 소식을 실시간으로 전달하여 상호작용하고 공동 창조(co-creation)도 가능해진다. 뿐만 아니라 경기 일정, 경기장 위치, 예상 관중 수 등을 분석하여 최적의 마케팅 전략을 세울 수도 있다.

팔과 다리의 움직임을 추적해 판독하는 장면
_ FIFA

AI는 축구 선수를 어떻게 골라내고 관리할까? 경기장 사방에 달린 인텔리전트 센서(카메라)를 통하여 선수들의 특징을 전달받으면, AI는 땀을 많이 흘리는 선수, 호흡이 빠르고 가쁜 선수, 아프거나 심하게 지친 선수 등 주요한 특징을 관리실(또는 의료실)로 바로 통보해준다. 선수의 동작을 일일이 포착(모션 캡처)하고 AI로 분석한다. 선수의 움직임을 시각 데이터로 구현하고 AI 분석으로 처리하여 과학적이고 정밀한 특징을 도출하고 통찰력을 제공한다.

AI는 선수의 동작, 볼의 소유, 경기유형과 같은 데이터에 레이블을 지정함으로써 선수와 팀의 성과를 파악하고 최적의 전략을 개발하는 데 도움을 준다. 선수의 신체조건과 기량에 관한 핵심 사항, 가령 키, 몸무게, 속도, 득점력 및 출전 시간 등 정량적 데이터와 수많은 정성적 데이터를 종합적으로 분석한다. AI는 효율성과 정확성을 크게 높여주고 판단의 근거를 제공해준다.

인텔리전트 센서와 모션 캡처를 활용한 움직임 분석
_ FIFA

정보가 방대할 경우, 사람이 하는 분석에는 한계가 있다. 빅데이터+AI 모델링을 사용하지 않으면 많은 시간이 걸리고, 놓치는 게 많다. 통찰력도 얻기 어렵다. 선수를 스카웃할 때도 주관적인 관찰, 불완전한 자료의 조합, 수공업적 분석과 직관에 의존하게 된다. 축구 선수를 스카웃하는 일은 성과와 투자수익률(ROI)에 대한 불확실성이 높은데 비해 엄청난 자금과 노력이 투입되지만, AI 분석을 통하면 시간과 비용을 현저하게 줄일 수 있다.

영국 프리미어리그의 리버풀 FC는 축구에 AI를 접목하기 위해 구글 딥마인드(DeepMind)에 수년간의 경기 데이터를 제공했다. 스페인의 라리가, 독일의 분데스리가 등도 모두 AI 경쟁에 돌입하면서 각각 마이크로소프트, IBM 등과 손을 잡고 팬을 관리하고 선수를 스카웃하고 코칭하기 위해 필요한 AI 솔루션을 개발하고 있다. 방대한 선수 관련 정보/데이터를 바탕으로 스카우팅 보고서 평가 등 정성적 데이터를 녹여낼 수 있기 때문에 우수한 선수를 정확하게 찾아내서 스카웃할 수 있다.

AI는 코칭 시스템 구축에도 효과적이다. 축구 경기에서 영상 데이터를 기반으로 선수들의 특징과 축구공의 이동을 빠르게 분석해 최적의 코칭을 제공한다. 인간 코칭이 주로 직관적 판단에 의존하여 선수에게 지시하는 방식이라면, AI 코칭은 데이터와 과학적 분석을 기반으로 전략과 훈련 방향을 제시한다. 게임 영상의 빅데이터를 기반으로 한 AI 분석은 선수와 공의 움직임을 빠르고 정확하게 분석하여 선수들에게 매우 정확한 코칭을 가능케 해준다.

축구 경기 도중 AI가 선수를 분석하는 장면
_ ABC Action News

딥마인드 AI 연구팀의 로봇 시뮬레이션 장면
_ Independent

  얼마 전에 구글의 딥마인드(DeepMind)는 AI로 구동되는 축구 로봇을 개발하여 연습을 시켰다. 소형 휴머노이드 로봇은 골을 넣고, 태클을 걸고, 넘어져도 빠르게 일어나도록 강화학습을 수행했다. 잘해서 득점하면 보상이 돌아가게 해준다. 딥마인드 연구진은 AI를 실제 버전의 이족보행 로봇으로 전환하여 추가 훈련 없이 서로 일대일 축구 경기를 시뮬레이션하기도 했다. 축구 로봇은 마치 잘 훈련된 축구 선수들처럼 빠른 낙상 회복, 걷기, 돌아서기, 발차기 등과 같은 역동적인 기술을 선보였다. 딥마인드는 경기에 대한 기본적인 이해와 전략에 더하여, 볼의 움직임을 빠르게 예측하여 상대의 슛을 차단하는 방법을 학습시키는 데 성공했다. 로봇은 사람과 달리 뒤뚱거리기도 하고, 본질적으로 취약하다. 하지만 훈련을 통하여 기본적인 규칙을 만들고, 하드웨어를 수정하여 효과적인 동작을 시연했다. 심층 강화학습을 통해 두 발로 보행하는 이족 로봇에게 민첩한 축구 기술도 가르쳤다. 이런 기술 발전을 통하여 AI 시스템은 인간과 동등하거나 그 이상의 범용 인공지능(AGI)을 제공할 가능성을 높여주고 있다. 빅 데이터와 AI 기술의 접목을 통해 전통적인 스포츠 방식에 혁신을 가져올 것으로 전망된다.

AI는 전략수립과 의사결정에 필요한 소중한 자료를 감독에게 전달한다. 축구 감독은 축구 AI 어드바이저를 협업에 사용하면 지능 증강의 효과를 누릴 수 있다. 감독은 '인공지능 어드바이저'의 예리한 분석 덕분에 휴먼 통찰력을 가미하여 탁월한 코칭의 전략을 수립할 수 있을 것이다.

요컨대, 축구에서 AI는 기계학습과 휴먼 피드백을 병행하여 분석력과 예측력을 높이고 비용을 절감한다. AI는 선수들의 움직임, 슈팅 기술, 패스 정확도 등을 분석하여 각 선수의 강점과 약점을 식별하고, 초개인화된 맞춤형 훈련 프로그램을 만들 수 있다. AI는 동시다발적으로 선수를 탐지하고, 경기 도중 발생하는 다양한 상황을 실시간으로 분석하여, 감독과 코치에게 최적의 전략을 제안하게 해줄 뿐만 아니라 상대 팀의 전략을 빠르게 파악하고 대응케 한다. 선수들의 운동량과 체력 상태를 지속적으로 모니터링하여, 부상 위험을 미리 예측한다. AI를 활용하면, 선수의 피로도를 실시간으로 감지하여 역량 소진을 막고 부상을 예방하는 데도 도움을 준다. 선수의 신체 데이터와 AI예측 모델은 스카웃 과정에서 뿐만 아니라 경기력 향상, 부상 방지, 그리고 재활 치료에도 유용하게 활용된다. 실제로 AI코칭 시스템을 도입하니 선수 부상 탐지/방지 효과가 평균 75%에 달한다는 연구결과도 있다.

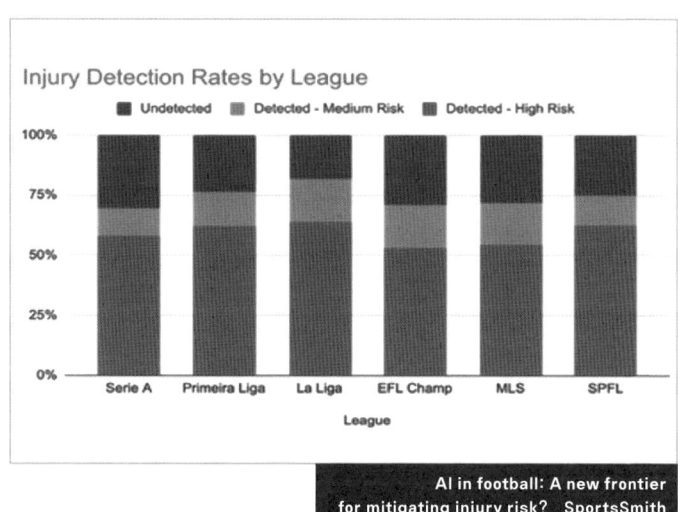

이제 국내 스포츠산업계에도 AI 코칭 기술이 속속 도입되고 있다. AI 코칭은 선수들의 훈련 및 경기 전략에 혁신적인 변화를 가져왔고 선수 관리시스템을 바꾸고 있다. AI축구 코치가 신종 직업으로 등장한다고 하여 축구 감독이 사라지는 게 아니다. 오히려 감독은 데이터에 의존한 과학적 전략 수립과 의사결정에 도움을 받을 수 있게 된다. AI 코치와의 협업으로 팀의 전력 향상은 물론 일상적인 관리에 들어가는 시간과 에너지가 줄어들고 휴먼터치의 시간이 늘어나게 된다. 선수들에게 동기를 심어줄 시간이 생기고 감성적 리더십을 발휘할 수 있게 되니, AI를 잘 활용

하는 축구 감독은 타의 추종을 불허하는 리더로 재탄생하지 않을까? 기대된다.

아시안컵에 출전 중인 대한민국 축구 대표팀
_ 아주경제

'위고비'가 만들어 낸

덴마크의 AI 주권

  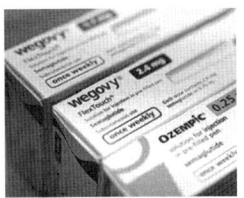

___ 산업계가 탄생시킨 '소버린 AI'

덴마크의 위고비(Wegovy)는 비만 치료제로 세계적인 선풍을 일으켰다. 덴마크 제약사 노보 노디스크(Novo Nordisk)가 처음에는 당뇨 치료제 오젬픽(Ozempic)을 개발하다가 체중 감량 효과가 나타나는 바람에 비만 치료제 위고비를 새로운 브랜드로 출시하여 큰 성공을 거두었다. 흥미로운 점은, 의도하지 않았는데도 뜻밖에 체중 감소 효과를 낳아 대박을 터뜨렸다는 점이다. 세상의 모든 성공은 기획 그 자체가 성공하는 것이 아니라, 우연한 계기에 뜻밖의 세렌디피티(serendipity)를 만나 성공을 거두곤 한다. 심장 질환 치료제를 개발하던 중 우연히 비아그라 효과를 발견한 화이자의 사례도 그중의 하나이다.

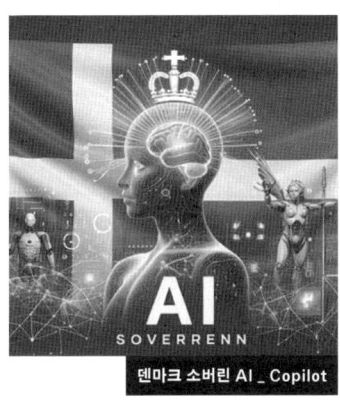
덴마크 소버린 AI _ Copilot

더욱 흥미로운 점은 노보 노디스크의 성공이 덴마크의 '소버린 AI(Sovereign AI)' 전략을 불러왔다는 점이다. 오젬픽과 위고비의 세계적 성공은 덴마크 경제와 바이오·헬스 산업의 성장에 크게 기여했다. 그 결과, 덴마크 정부는 AI 기반 신약 개발과 의료 데이터를 국가의 자산으로 보호할 필요성을 인식하고, 국가 관리 체계를 구축하게 되었다.

___ 디지털 세계에서의 '소버린 AI'의 개념

소버린 AI는 "가피아(구글, 아마존, 페이스북/메타, 인스타그램, 애플 등)"와 같은 글로벌 빅테크에 의존하지 않고, 자국의 데이터와 인프라를 바탕으로 독자적인 AI 생태계를 구축하려는 전략적 의지를 담고 있다. 이 개념은 전통적인 군사·경제 중심의 국가 주권을 넘어, 다양한 디지털 기술과 인프라가 정부·행정·시민·플랫폼에서 상호작용하는 '디지털 세계(digital world)'를 전제로 한다. 특히 언어, 문화, 종교 등 자국의 고유한 정체성과 다양성을 AI 시스템의 핵심 데이터로 보존하며, 외국과 조화롭게 공존하는 AI 시스템 및 데이터 세트를 의미한다.

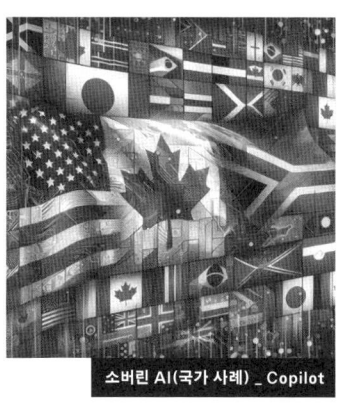

소버린 AI(국가 사례) _ Copilot

사실 AI·반도체 산업 육성 등은 '소버린 AI'라는 개념이 아니더라도 국가의 기술·산업 정책에 자연스럽게 포함되는 부분이다. 하지만 소버린 AI는 기존의 산업 경쟁력 강화 정책에 더하여, 패권 국가에 대한 기술적 의존을 줄이고, 자국의 데이터와 정체성을 강화한다는 목표 아래 자국의 언어 지원, 자체 LLM 개발,

국가의 AI 데이터 및 클라우드 인프라 등을 보호하려고 한다. 이런 요소가 과거에는 글로벌 테크 기업에 의해 주도되었으나, 소버린 AI 개념은 자국의 데이터와 AI 시스템을 국가 차원에서 자체 구축하려는 것이다.

____ 소버린 AI라는 국가 이데올로기

앞에서 설명한 것처럼, 덴마크의 소버린 AI는 산업계에서부터 태동한 글로벌 성공을 계기로 의료 AI를 넘어 데이터 주권으로 확장된, 자연스러운 결과였다. 덴마크의 경우와는 반대로, 일본은 '위로부터'의 정부 주도 아래 도요타, 소니, NTT 등 대기업이 참여하여, 일본어 특화 LLM 모델과 AI 반도체 기술을 개발하고 있다.

오늘날 AI에 국가 이데올로기라는 갑옷을 입힌 나라도 적지 않다. 이들은 국가 정체성, 자국의 언어·문화 보호, 지정학적 독립성 등을 핵심 이념으로 삼고 있다. 인도는 자국 고유의 언어·문화 맥락을 반영한 자체 AI 모델 크루트림(Krutrim)을 개발하여 디지털 자립을 추구하고 있다. UAE는 국영 기업 G42를 통해 팰콘(Falcon AI) 모델을 개발하면서 디지털 자립을 지향하고 있다. 그러나 화웨이·텐센트와 전략적 협력을 맺고, 독자적인 AI 칩 확보를 위해 MS·엔비디아와 협력하고 있다는 점은 아이러니다. 이는 AI 산업 육성 필수적인 데이터·알고리즘·컴퓨팅 인프라·인재 등이 자국 내에서만 확보되기 어렵기 때문에 '동맹과 독립'이라는 딜레마가 존재함을 보여준다. 지나치게 국수주의적 관점에서 '소버린 AI'를 추진할 경우, 오히려 글로벌 기술 및 인재 확보에 제약이 생길 수 있다.

한편, 프랑스는 미스트랄(Mistral AI)이라는 기업이 주도하여 생성형 AI 모델 '르샤(Le Chat)'를 내놓으며 챗GPT와 경쟁에 나섰다. 프랑스 정부는 소버린 AI와 디지털 주권 강화를 위해 AI 산업에 대해 적극적인 지원 정책을 펼치고 있으며, EU 차원의 AI 육성 전략 및 소버린 AI 정책 수립에도 기여하고 있다. 미스트랄은 삼성전자·엔비디아·네이버 등으로부터 대규모 투자를 유치하며 글로벌 경쟁력 확보에도 박차를 가하고 있다. 프랑스의 소버린 AI는 기술 자립을 넘어 세계 시장에서의 주도권 확보를 목표로 하고 있다.

소버린 AI의 성공과 지원 요건

'소버린 AI'가 성공하려면 산업기반의 지속 가능성이 담보되어야 한다. 위로부터의 의도된 기획으로 국가 이데올로기에 호소하는 방식은 얼마나 지속 가능할 것인가? 실제로 산업계와 연결되지 않은 '위로부터의' 소버린 AI가 성공한 사례는 거의 찾아보기 드물다. '소버린 AI'가 성공하려면 먼저 목표와 기준을 명확히 정해야 할 것이다. 즉 ① 데이터 주권 보호, ② 문화적·언어적 정체성 유지는 물론이고, ③ 자국의 LLM 기술과 모델 확보, ④ 산업적·경제적 성과, ⑤ 글로벌 경쟁력 확보라는 보다 실질적인 목표 달성이 중요하다.

현재 소버린 AI는 각국에서 유행을 타고 있지만, 이것이 산업적 성과를 가지고, 글로벌 시장 경쟁력을 확보하느냐에 그 성패가 달려 있다. 가트너에 의하면 '소버린 AI'는 여전히 연구소나 혁신적인 기업에서 실험적 개발이 진행되는 단계(Innovation Trigger)에 지나지 않지만, 현실은 발전단계에 비해 '과도한 기대(Peak of Inflated Expectations)'를 받고 있다고 지적한다.

미국의 AI 기업은 빅테크든 스타트업이든 처음부터 글로벌 시장을 공략하고 있다. 오픈 AI, 구글, 메타, 앤스로픽 등은 처음부터 세계 시장을 겨냥하기에 '소버린 AI'라는 개념을 굳이 강조하지 않는다. 만일 '글로벌 AI'가 되지 못하였기에 '소버린 AI'를 추구한다면, 이는 허무한 신기루가 될 것이다.

한국의 소버린 AI는 민간 기업 네이버가 주도하고 정부가 지원하는 구조로, 기술 인프라와 산업적 토대를 가지고 한국형 소버린 AI 구축의 핵심 주체로 자리매김하고 있다. 하지만 이제 한 발 더 나아가야 할 때다. 글로벌 AI 시장에서 혁신의 리더로 우뚝 설 때, 소버린 AI는 진정한 성공을 거둘 수 있을 것이다. 그럼 어떤 산업에서 세계를 선도할 것인가? 글로벌 AI 시장에서 위고비나 케이팝처럼 차별화된 산업이나 킬러 콘텐츠는 무엇일까? 산업 연계 전략은? 이런 질문에 실행력으로 답하지 못한다면, 소버린 AI는 지속 가능성을 잃고 구호성 이데올로기로 전락할 공산이 크다. 차별화된 콘텐츠로 세계를 향해 비상하는 'K-AI'를 기대한다.

세월을 되돌리는

역노화와 인공지능

제1차 세계 대전이 끝날 무렵 미국 뉴올리언즈 지방에 80대 외모를 가진 아기, 벤자민 버튼이 태어난다. 늙은 아기라는 이유로, 그는 양로원 현관 앞에 버려진다. 살아남은 벤자민은 날이 갈수록 젊어지는 가운데, 우연한 기회에 만난 소녀 데이지의 푸른 눈동자를 영원히 잊지 못한다. 이후 서로의 나이가 엇비슷해진 시절에 다시 만난 벤자민과 데이지는 불같은 사랑을 나눈다. 하지만 그는 날마다 젊어지고 그녀는 점점 늙어간다.

이 이야기는 스콧 피츠제럴드의 소설로 2008년 〈벤자민 버튼의 시간은 거꾸로 간다〉라는 영화로도 나왔다. 작가의 빛나는 상상력에 기반한 작품이지만, 이제는 현실이 되고 있다.

오늘날 벤자민 버튼처럼 신체를 획기적으로 젊게 되돌릴 수 있는 역노화(reverse aging) 기술이 개발되고 있다. 인간의 몸을 '재부팅'하여 젊은 시절로 되돌리는 기술이다. 하버드 의과대학의 데이비드 싱클레어(David Sinclair) 교수는 "이제 나이 든 사람을 늙었다고 보지 않고, 시스템을 재부팅해야 할 사람으로 본다"고 설명하며, 노화가 불가역적인 것이 아니라 회복 가능한 과정이라고 강조했다. 젊은 시절로 되돌리는 일이 더 이상 영화 속 상상이 아닌 현실이 될 수 있음을 시사한다.

세포 재프로그래밍을 통하여 노화 세포를 젊게 바꾸는 장면 _ Copilot

왜 인간은 늙고 병드는가? 인간이 부모님으로부터 물려받은 선천적인 유전자는 태어나서 죽을 때까지 변하지 않지만, 후성 유전체(epigenome)로 인해 노화와 질병이 생겨나고 외모와 건강 상태가 늙게 변한다는 것이다. 후성 유전체는 환경적 요인이나 생활 습관 등에 의해 영향을 받아 시간이 지나면서 손상되고, 결국 노화와 질병이 발생한다는 설명이다.

역노화에는 줄기세포 처방, 유전자 처방, 세포 재생 기술, 약물 치료 처방, 조직 공학 처방 등 여러 방법이 연구되고 있다. 줄기세포 방법으로는, 신야 야마나카(Shinya Yamanaka) 박사와 존 거든 경(Sir John Bertrand Gurdon)이 체세포에서 유도만능줄기세포(iPSC, induced pluripotent stem cells)를 만드는 기술을 개발하였는데, 이는 신체의 어떤 조직도 노화 제로(zero) 줄기세포로 바꿀 수 있는 획기적인 연구로 평가받아, 2012년 노벨 생리의학상을 받았다.

또한, 싱클레어 교수는 신체의 유전자 정보는 그대로 유지되기에, 손상되지 않은 '백업 복사본'을 사용해 소프트웨어를 재부팅하는 방식으로 노화를 청춘으로 되돌릴 수 있다고 설명했다. 이는 단순히 신체적 노화를 멈추는 것이 아니라, '시계를 되돌려 정체성을 회복하는 것'[9]을 의미한다. 후성유전학 시계(epigenetic clock)로 설명하면, 역노화는 세포를 완전히 초기화하여 모든 기능과 특성을 리세팅한 결과, 배아 줄기세포와 유사한 상태로 돌아가게 하여 정체성을 회복하는 원리와 같다. 이처럼 세포 재프로그래밍을 통하여 세포를 젊어지게 할 수 있는 회춘 요법이 개발되고 있다는 점은 흥미롭다.

그런데 역노화를 위해 인공지능을 어떻게 활용할까?

첫째, AI는 정교한 알고리즘으로 노화 과정의 복잡한 생물학적 프로세스를 빠르게 예측하고 개선 방안을 찾는다. 세포나 조직의 생물학적 나이와 상관없이 환경적 요인 및 생리적 상태를 개선하는 데 사용된다. 2023년 5월, MIT의 제임스 콜린스 연구팀은 심층 신경망(DNN) 기반 AI 모델을 사용하여 수천 개의 화합

---

[9] Cell, 2023.1.19

물을 스크리닝하고, 신경망을 훈련시켜 80만 개 이상의 물질 중 노화된 세포를 선택적으로 제거할 수 있는 후보들을 식별했다. 마치 항생제가 세균을 선택적으로 죽이는 방식처럼, 섬유화, 염증, 암 등 노화 관련 세포를 선택적으로 제거하는데 매우 유망한 노화 치료법으로 간주되고 있다.[10]

역노화 처방으로 젊은 여성을 만드는 장면
_ Copilot

둘째, 유도만능줄기세포 연구에서 AI는 단순 이미지 분석을 넘어 유전자 정보와 생물학적 데이터를 통합하는 역할을 한다. 초기 연구에서는 서포트 벡터 머신(SVM : Support Vector Machine)과 랜덤 포레스트(Random Forest) 같은 기본적인 알고리즘이 사용되었다. SVM은 마치 사과와 오렌지처럼 서로 다른 두 그룹이 있을 때, 이를 가장 잘 구분할 수 있는 경계선을 찾는 알고리즘이다.

---

[10] Nature Aging, 2023

AI가 유전자 편집을 통하여 역노화에
기여하는 장면 _ Copilot

이는 이미지 인식, 텍스트 분류, 생물학적 데이터 분석 등에서 널리 사용된다. 랜덤 포레스트는 마치 여러 전문가(결정 트리)의 의견을 종합하여 더 정확인 결론을 도출하는 것과 같다. 또한 딥러닝 모델인 합성곱신경망(CNN)의 도입으로 대규모 데이터 처리와 질병 모델링, 유도만능줄기세포 클론 분석의 정확도가 크게 향상되었다. 이러한 AI 기술은 재생 의학, 질병 연구, 그리고 약물 발견 등에서 매우 중요한 도구가 되고 있다.

셋째, AI는 크리스퍼(CRISPR)와 같은 유전자 편집 기술에서 중요한 도구로 사용되며, 노화와 관련된 유전자를 수정하는 데 유용하다. AI는 최적의 유전자 타겟을 예측하고 편집 효율성을 높인다. 후성유전학적 변화를 조절하여 세포를 젊게 되돌리거나 노화를 늦추는 연구도 진행 중이다. 현재 동물 실험 단계에서 활발히 연구되고 있으며, 인간에게 적용될 가능성도 검토되고 있다.

세놀리틱스(senolytics) 연구에서 AI와 유전자 편집은 노화된 세포를 제거하여 질병 예방에 도움을 줄 수 있다.

넷째, AI는 새로운 치료 표적을 식별하고 노화된 세포를 제거하는 데도 유용하다. 에든버러 대학의 유전학 연구팀은 머신러닝 알고리즘을 이용해 노화된 세포를 표적으로 제거하는 화합물인 세놀리틱스를 추출했다. 이 물질은 암이나 알츠하이머병 같은 노화 관련 질병을 제거하는데 사용된다. 연구팀은 수천 개의 분자 중에서 세놀리틱스로 작용할 가능성이 있는 21개 분자를 단 5분 만에 식별했다. 인공지능이 없었다면, 이러한 연구는 수십 년이 걸리고 막대한 자금이 투입되었을 것이다.[11]

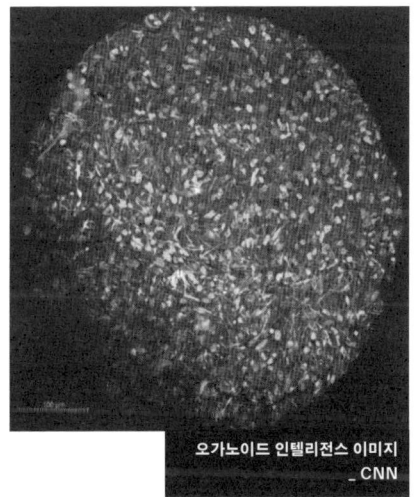

오가노이드 인텔리전스 이미지
_ CNN

---

[11] Nature Communications, 2023

오늘날 AI는 방대한 노화 데이터를 분석하여 생물학적 메커니즘을 이해하는 데 핵심적인 도구가 되고 있다. 특히 오가노이드 인텔리전스(Organoid Intelligence)는 줄기세포로부터 배양된 직경 1-2 mm에 불과한 '접시 뇌(DishBrain)'로, 약 100만 개의 살아 있는 뇌세포로 이루어진 인공 뇌 조직이다. 뇌의 특정 부분을 모방한 3차원 뇌 조직 소형 미니어처로, AI와 융합될 경우 역노화와 젊음을 위한 인간의 '재부팅' 가능성이 크게 높아질 것으로 기대된다.

이 마법 같은 희망 앞에서, 비단 진시황과 클레오파트라만 노래했을까!

"하늘 아래 영원히 빛날 제국과 함께, 나는 죽지 않으리. 젊음의 샘이여, 다시금 솟아라! 내가 걷는 이 길 위에, 모든 세월은 멈추리라."

AI 시스템에서

레드팀과 블랙스완

베드로에게 열쇠를 건네는 그리스도
_ 피에트로 페루지노, 위키피디아

 붉은색을 의미하는 "레드". 그리고 강렬한 느낌을 주는 "레드팀", 무엇을 연상시키는가?
 레드팀은 원래 교황청에서 성인(聖人) 후보 자격을 엄밀히 조사하기 위해 임명된 신앙의 촉진자(Promotor Fidei)를 의미했다. 이들은 후보자의 결점을 찾고, 도덕적 삶을 살았는지 등을 엄격히 조사했다. 이 과정에서 의도적으로 약점을 파고들어 증거를 모으고 적대적 입장을 취했기 때문에 "악마의 옹호자(Devil's advocate)"라고도 불렸다. 이같이 종교적 목적으로 시작되었던 레드팀은 오랫동안 정치적·군사적·안보적 목적으로 유용하게 사용되어 왔으며, 최근에는 사이버 보안 및 인공지능 분야에서도 활발하게 사용되고 있다.

레드팀은 역사적으로 용처와 전술의 변화를 거듭해왔다. 1960년대 냉전기에는 붉은색 소련의 공격 시나리오를 알아내기 위해 미국은 모의실험(레드 팀, red teaming)을 수행했다. 이를 통해 미국(블루 팀, blue team)의 방어 전략을 점검하였다. 1973년 욤 키푸르 전쟁 중 이스라엘은 초기에는 기습 공격을 당했으나, 실제로 적군처럼 생각하고 행동하는 레드팀을 활용하여 시뮬레이션을 수행한 결과, 빠르게 전세를 역전시켰다. 2003년 미군은 이라크 침공 이후 그해 12월까지 후세인의 은신처를 알아내지 못하다가, 레드팀을 통해 단서를 잡았다. 여기서 레드팀은 복잡한 부족 네트워크를 후세인의 입장에서 분석하고 검증했다. 결국 벽돌과 쓰레기로 덮인 '거미 구멍'에서 후세인을 체포할 수 있었다. 미 중앙정보국(CIA)은 9.11 테러에 대응하여 새로운 레드 셀(Red Cell)을 창설했는데, 이는 테러리즘과 같은 비대칭 전쟁에 대비한 대응 레드팀에 해당된다.

레드팀은 정치 분야에서도 유용하게 사용되었다. 2012년 선거에서 오바마와 2016년 선거에서 트럼프는 내부 레드팀을 운영했다고 한다. 이를 통해 내외의 경쟁자 및 방해자의 대응 전략을 파악하고 효과적으로 대응하고자 했다. 『Foreign Policy』(2020)는 미국 국가안보보좌관 로버트 오브라이언이 경고한 "만약 외국의 적대 세력이 웹사이트를 해킹해 투표 결과를 변경한다면?"이라는 메시지를 상기하면서 이러한 상황에 대비하여 선거를 보호할 레드팀의 중요성을 역설했다. 즉, 사이버 침입자를 막고, 선거 당일에 전력 차단이나 GPS 방해 같은 사태에 대비하는 것이다.[12]

AI 레드팀 _ DALL-E

시간이 지남에 따라 레드팀은 기업, 정부 및 비영리 단체와 같은 여타 조직과 기관으로 확장되었다. 이제 레드팀은 비즈니스 리더와 정책 입안자 모두에게 필요한 도구가 되었다. 레드팀은 경

---

[12] Braw, E. The United States needs a red team to protect the election. Foreign Policy 2020, October 15

쟁자나 상대방의 입장에 서서 자기가 속한 조직의 약점에 대해 생각하고, 부족한 점을 수정하는 데 유용하다.

얼마 전, 해커들은 페이스북 플랫폼에 3만 개 이상의 암호화폐 채굴기를 설치해 해킹을 시도했다. 페이스북은 '레드팀 X'를 통해 자사가 직접 개발하지 않은 하드웨어와 소프트웨어의 취약점을 찾아내는 데 성공했다. 클라우드 서비스, 전력 시스템 컨트롤러 등에서 취약점을 발견하고 이를 수정했다. 외국 해커들이 네트워크 모니터링 도구를 통해 수백 개 목표를 공격한 사건도 있었다. 레드팀은 페이스북의 공급망을 보호하고, 전체 인터넷 보안을 향상시키는 데 기여하고 있다. 마찬가지로 구글의 프로젝트 제로, 애플, 아마존, 마이크로소프트 등에서도 레드팀은 실제 해커처럼 행동하여 시스템의 취약점을 찾아낸다.

정확히는 2023년 10월 30일, 바이든 대통령은 인공지능에 대한 행정명령(포괄적 지침)을 발표하면서, AI 레드팀을 강조했다. AI 레드팀은 백악관의 과학기술정책실에 의해 조정되고 있으며, 이는 최근의 행정명령을 통해 더욱 체계화되었다. 이 팀은 AI와 생성 AI 분야에서 최신의 공격 기법을 시뮬레이션하는 역할을 한다. 작년에 미국 백악관이 마련한 레드팀 해커톤에는 수천 명의 해커와 학생들이 참여하여 대규모 언어모델(LLMs)의 취약점을 테스트했다. 다양한 배경의 참가자들이 LLMs의 안전성과 보안 위험을 탐지하기 위해 다양한 공격을 시도했다. 이러한 활동들은 미국 정부가 인공지능 기술과 레드팀을 관리하고 혁신을 촉진하기 위해 얼마나 노력하고 있는지를 보여준다. 2024년 4월, 한국에서도 생성 AI 레드팀 해커톤 행사가 열렸다. 6백 명 이상의 인원이 참석했으며 큰 관심을 끌었다. 지속적으로 장려할 만한 일이다.

레드팀은 인공지능 시스템에 침투하여 보안 취약점을 찾기 위해 다양한 공격을 시도한다. 예를 들어, 탈옥(jail breaking), 데이터 중독(data poisoning), 적대적 예시(adversarial examples), 피싱(phishing) 등 다양한 유형의 공격 및 테스트를 실시한다. 탈옥은 AI 시스템의 설정된 제약 조건이나 안전장치를 무력화하여, 원래 의도된 방식과 다른 방식으로 동작하도록 만드는 것을 의미한다. 이를 통해 시스템이 금지된 기능을 수행하거나, 허용되지 않은 정보에 접근할 수 있게 된다. 데이터 중독은 AI 모델을 학습 데이터에 의도적으로 악의적인 데이터를 추가하여, 잘못된 출력을 생성하도록 하는 공격 방식이다. LLM이 학습 데이터를 조작하여 편향, 데이터 오염, 백도어 등 은밀한 트리거를 숨겨놓거나 취약성을 생성하게 유도한다. 이러한 공격은 LLM의 결과에 심각한 영향을 미칠 수 있으며, 잘못된 정보가 확산될 수 있다. 레드팀은 침투 테스트와 모의 해킹을 통해 시스템의 취약점을 찾아내고, 이를 개선하기 위한 피드백을 제공한다. 실시간 공격 시뮬레이션과 시나리오 기반 훈련을 통해 시스템의 대응 능력을 평가하고 강화한다. 또한, 블루팀의 대응 능력을 향상시키고, 지속적인 보안 개선을 도모한다. 정기적인 레드팀 행사는 인공지능 시스템의 보안 능력을 높이고, 예상치 못한 공격에도 안정적으로 작동할 수 있도록 돕는다.

블랙스완 _ DALL-E

더 나아가, 뜻밖의 블랙스완에 대비해서도 레드팀은 유용하다. 블랙스완이란 그간 존재하지 않았거나 매우 희귀하여 예측이 어렵지만, 일단 발생하면 엄청난 충격과 영향을 미치는 사건을 말한다. 블랙스완은 호주에서 처음 발견되었으나, 세상의 주목을 받지 못하다가 레바논계 미국인 작가 나심 니콜라스 탈레브(Nassim Nicholas Taleb)가 2007년에 출간한 저서 『블랙 스완』(The Black Swan)을 통해 전 세계적으로 널리 알려지게 되었다. 블랙스완 사건에는 유류파동, 금융 위기, 9.11 테러 공격, 근래의 팬데믹 등이 포함된다. 이러한 사건들은 통상적인 관찰과 통계로는 예측이 어렵고, 발생한 후에야 그 충격과 막대한 영향을 실감하는 경우가 많다. 블랙스완 사건을 직접적으로 예측하거나 방지하는 것은 어렵지만, 레드팀 활동을 통해 여러 리스크 요인을 분석하고 전략을 미리 세워두거나 건강한 조직을 만들어두면, 블랙스완 사건이 발생했을 때 리스크를 극복할 수 있고 피해를 줄일 수 있다.

결론적으로, 레드팀은 잠재적 위협을 알아내고 평가함으로써 조직의 취약점을 발견한다. 다양한 공격 시나리오를 모의 실험하여 방어 전략을 강화한다. 마치 백신의 원리와 같이 기존 방어 체계의 효과를 테스트하고 개선점을 제안하기도 한다. 실제 상황에서 발생할 수 있는 다양한 전술적, 전략적 상황을 가정하여 조직의 대응력을 높이는 것이다.

인공지능에서 레드팀을 잘 운영하면 조직의 약점을 파악하고 보완하여 더욱 건강한 시스템을 구축할 수 있다. 예기치 못한 위협에도 효과적으로 대응할 수 있는 역량을 키울 수 있듯이, 기업이나 정부 조직, 국가에서도 유용하다. 레드팀의 진짜 목표는 우리 진영의 건강과 지속 가능성을 확보하는 것이다. 니체는 "나를 파괴하지 못하는 것은 나를 강하게 한다"고 말했다. 레드팀을 통해서 나를 파괴하지 못할 힘이 생긴다면 진정 고마운 백신으로 여겨야 하지 않을까? 레드팀을 두려워 말고 적극 활용하자!

AI 휴보 전쟁, 몸통을 흔드는 로봇의 '손'

_____ 인간의 심부름꾼 – '자율주행 휴머노이드 로봇'

AI 기술의 발전과 함께 인간형 로봇(이하 '휴보')의 폭발은 '피지컬 AI'의 혁명을 예고하고 있다. '자율주행 휴머노이드 로봇'은 이 혁명의 주역으로 떠오르고 있다.

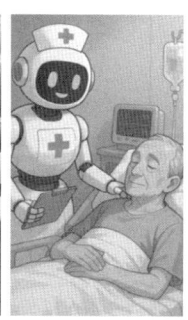

다양한 기능을 수행하는 휴보
_ Sora AI

인간 수준의 행동 능력을 갖춘 이 로봇은 섬세한 손동작과 유연한 관절로 우아한 춤을 추거나 달걀을 깨뜨리지 않고 들어 옮기는가 하면, 사람처럼 움직이고, 스스로 사물을 감지한다. 가정, 병원, 농장, 공장 등 다양한 분야에서 인력을 대체하거나 보완할 수 있다. 농장에서는 딸기 농사꾼이 되고, 병원에서는 간호사가 되고, 손 떨림 없이 정밀 수술을 집도하는 의사가 된다.

노약자가 침실이나 욕실로 이동할 때는 부축하는 휴보 로봇이나 착용형 외골격 로봇이 된다. 매장에서는 손님들과 감성적으로 교감하는가 하면, 가사 노동부터 무인 항공 정찰에 이르기까지 폭넓은 임무를 수행한다.

____ 인간을 닮아가는 휴보의 피부와 손

현재 휴보 제작에서 고난도 기술은 인간 수준의 판단력, 완전한 자율성, 그리고 정교한 감각 기능이다. 특히, 미세한 촉각을 감지할 수 있는 로봇 스킨과 자유자재로 움직이는 손가락, 그리고 전신 균형 제어 기술 등은 매우 높은 기술적 완성도를 요구한다. 인간의 손을 장착한 휴보가 등장한다면, 그 따뜻한 촉감에 사람들은 큰 호감을 보일 것이다. 이제 인간과 가장 닮은 로봇 창조를 위한 정교한 기술 구현이 AI 테크 산업의 주목 대상이 되고 있다.

최근 KAIST와 케임브리지 대학 등에서 인간 피부와 거의 흡사한 수준의 정교한 로봇 피부 기술 개발에 성공하여 새로운 가능성을 열어 주고 있다. 예컨대, 감각 인지, 자가 치유, 충격 흡수(인간과 로봇 모두를 보호하는 안전 기능) 등 핵심 기능에서도 큰 성과를 내고 있다(KAIST 김정 교수팀). 인조 피부에 센서를 내장하여 압력, 온도, 통증과 같은 촉각 자극을 전기 신호로 변환한다.

휴보가 달걀을 쉽게 집어 옮기는 장면
_ Sora AI

AI 신경망을 통해 '뜨거움'이나 '통증'과 같은 촉각 정보를 분류하고 신호를 해석할 수도 있다. 심지어 로봇 피부가 손상되더라도 손상 부위를 재생 복원하여 감각 기능을 유지할 수 있다고 하니 이는 놀라운 기술 발전이라고 아니할 수 없다.

____ **전통과 혁신의 갈림길**

로봇의 손 구현에 적용되는 기술은 기계공학 기반, 다학제 융합 로보틱스, 그리고 합성생물학 기반으로 구분할 수 있겠다.

첫 번째 유형으로, 산업용 그리퍼(gripper) 하나로 세계적인 시장 지배력을 가진 기업이 있다. 바로 독일의 슝크(Schunk)다. 테슬라가 '미래의 로봇 손'을 꿈꾸고 있다면, 슝크는 정밀 기계공학에 기반한 그리핑 기술의 강자로, AI 없이도 탁월한 성능을 자랑한다. 전동 그리퍼는 빠른 응답 속도와 모듈식 설계, 방대한 제품군을 마치 레고처럼 조합할 수 있어 유연성이 뛰어나다.

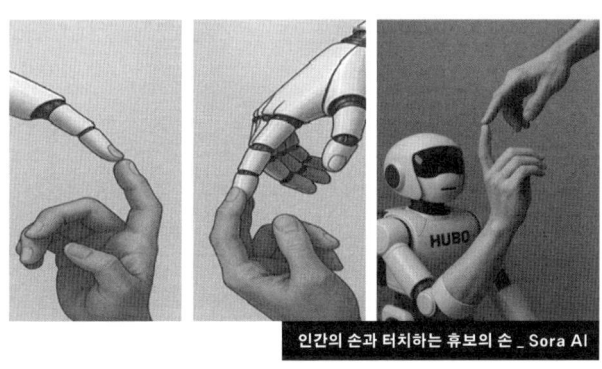

인간의 손과 터치하는 휴보의 손 _ Sora AI

최근의 경향은 AI 지능을 더 중시하는 추세이지만, 슝크는 "기계공학 90%, AI 10%"라는 공식을 고수한다. 완성도 높은 하드웨어에 똑똑한 두뇌를 더하는 방식이다.

두 번째 유형은, '다학제 융합 로보틱스'로, 여기에는 레인보우 로보틱스, 보스턴 다이내믹스, 테슬라, 피규어, 애질리티 로보틱스 등 현재 다수의 자율형 휴보 기업들이 포함된다. 이들은 AI,

로보틱스, 제어 시스템, 센서 기술 등의 융합을 바탕으로, 다양한 수요처에 적합한 오토휴보 개발에 박차를 가하고 있다. 이들에게 별명을 붙여보면 그 성격이 잘 드러난다. 보스턴 다이내믹스 아틀라스는 '로봇 체조 선수', 테슬라 옵티머스는 '팩토리 워크홀릭', 피규어 AI(피규어 01)는 '직무 보조 디지털 인턴', 애질리티 로보틱스 디지트는 '물류 배달꾼', 레인보우 로보틱스는 '테크노 아티스트'라고 할 만큼 완성도 높은 장인정신을 보여주고 있다. 이들 대부분은 로봇 손을 제작한다. 그 밖에도 원익로보틱스, 만드로, 로보티즈, 뉴로메카, 에이로봇, 유일 로보틱스, 베어 로보틱스, 로브로스 등 여러 국내 업체들이 로봇 손 개발에 참여하고 있다.

휴보는 또 하나의 인공지능이 되고 있다. 이제 로봇은 단순한 기계가 아닌, AI라는 두뇌를 가진 몸이 된다. AI를 두뇌로 탑재한 로봇은 감지-분석-판단-행동의 전 과정을 자율적으로 학습하며, 지능을 갖춘 물리적 실체로 진화하고 있는 것이다.

____ 생명체를 따라가는 따뜻한 로봇 : 바이오 하이브리드

세 번째 유형은, 자동화된 합성생물학 플랫폼을 통해 바이오 소재를 설계·생산하거나 실험을 자동화하는 방식이다. 예컨대, '생물학적 소재의 아마존'이라 불리는 바이오 파운드리 모델 긴코바이오웍스와 로봇 실험실 인프라를 제공하는 스트라오테오

스도 등은 차세대 바이오 소재 산업의 혁신을 가속화하고 있다.

로봇은 점차 인간 생명체를 닮아가고 있다. 단순한 금속 기계를 넘어 로봇은 운동, 감지, 자가 치유, 에너지 섭취 등 생명체의 기능을 모방한다. 근육처럼 수축하고 상처를 치유하며 음식을 통해 에너지를 얻는 방향으로 발전하고 있다.

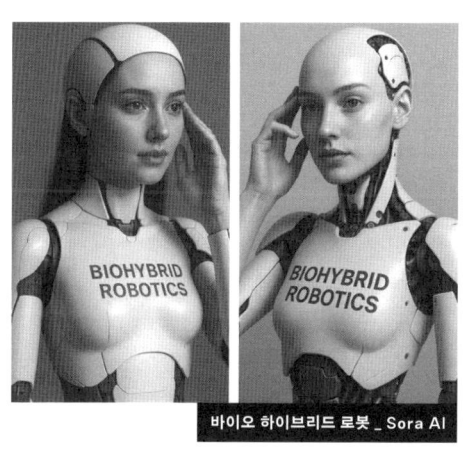

바이오 하이브리드 로봇 _ Sora AI

미래의 휴보는 터미네이터 같은 냉혹한 기계가 아니라, '아바타'형 존재가 되고자 하지 않을까? 2025년의 휴보는 금속과 회로로 이루어진 차가운 기계의 모습에서 벗어나 점점 더 따뜻한 생명체로 변신할 마법의 열쇠에 가깝게 접근해 가는 중이다. 단순한 기계적 발전을 넘어, 살아있는 생체조직과 전자기계를 결합한 바이오 하이브리드 로봇(Biohybrid Robotics)으로 진화하고 있다는 말이다.

휴보의 미래는 단순한 하드웨어 발전을 넘어, 생명공학을 기반으로 한 새로운 진화의 흐름 위에 놓이게 될 것이다. 이와 더불어 인공지능도 한층 더 발전할 것이다.

___ **산업 전망 : 몸통을 흔드는 꼬리**

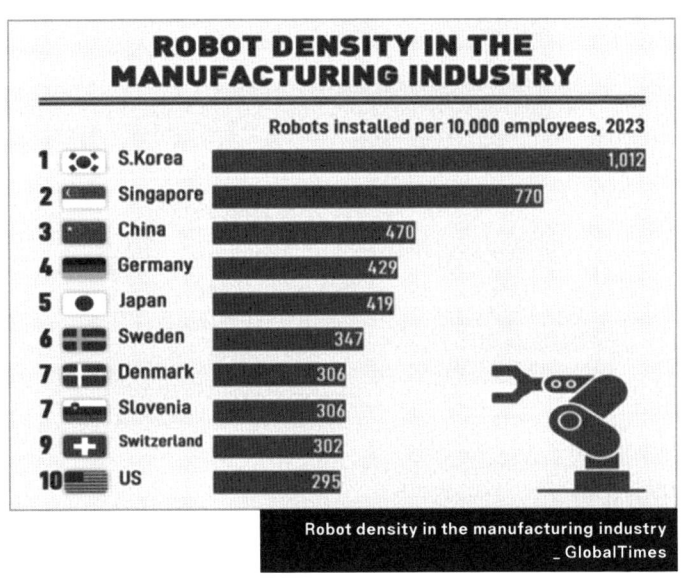

수년 내로 휴보는 인간의 보조, 자율주행, 또는 독자적인 모빌리티의 모습으로 쏟아져 나올 전망이다. 2025년 6월 호 포춘 비즈니스 인사이트에 따르면, 세계 휴보 로봇 시장은 2023년 24억 3천만 달러에서 2032년까지 660억 달러(945조)로 약 30배 성장할 것으로 전망된다. 모건 스탠리(2025.5.14)는 2050년까지 세상에

는 약 10억 대의 휴보가 활용될 것이며, 이는 세계 상위 20개 자동차 제조사 총매출의 약 두 배(연간 약 5조 달러=6,814조 원)의 규모가 될 것이라고 전망했다.

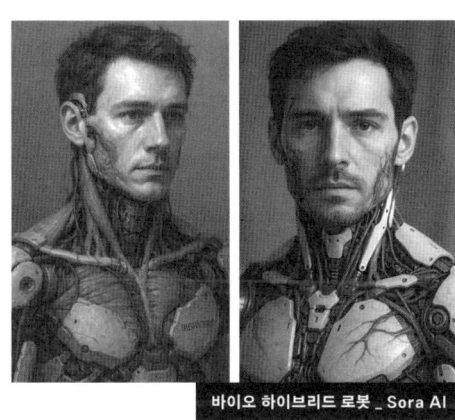

바이오 하이브리드 로봇 _ Sora AI

한국은 첨단 제조업 분야에 강점이 있지만, 고령화·노동력 부족·인건비 상승 등으로 휴보의 의존도는 날이 가면 갈수록 높아질 수밖에 없다. 특히 간병·가사·제조 인력난은 휴보 로봇 활용을 촉진하고 있다. 이미 한국은 산업용 로봇 밀도(근로자 1만 명당 로봇 수)에서 세계 1위를 기록하고 있다. 이러한 환경은 한국을 휴보 생산과 실증의 최전선이자, 글로벌 브랜드 탄생의 요람으로 만들고 있다. 하지만 유비테크, 유니트리, 브레인코 등의 기업을 보유한 중국의 야심도 만만치 않다. 방심하면 그 요람은 일순간에 점령당할 수 있다.

전쟁에서 승패를 좌우하는 것은 반드시 거창한 전략만이 아니다. 인간을 닮은 '로봇 손'의 작고 정교한 기술력 하나가 전세를 뒤흔들고, 승기를 가져오는 결정적 한 방이 될 수도 있다.

폭염의 위기를 기회로 만드는

역발상의 AI 혁신

___ 가정의 전기로 돈 버는 비결

전력망의 위기를 기회로 만드는 장면 _ Copilot

2025년 여름은 기록적인 폭염으로 곳곳에서 전력망이 큰 위기를 맞았다. 특히 미국 캘리포니아에서는 에어컨 사용 급증으로 전력 수요가 폭발하며 공급이 위태로워진 적이 있었다. 그런데 이때, 의외의 해결사가 등장했다. 바로 집 안에 설치된 배터리였다.

　전력망이 위기에 몰린 순간 사람들은 가정용 배터리에 저장해 둔 전기를 일제히 방출했다. 실제로 집에 설치된 테슬라의 파워월(Powerwall)은 2025년 7월 29일 하루 동안 수만 kWh의 전기를 공급했으며, 2시간 동안 평균 535MW를 투입했다. 참여 방법도 간단했다. 전용 앱을 통해 AI 기반 가상발전소(Virtual Power Plant : VPP) 프로그램에 가입만 하면 된다. VPP에 수많은 가구가 등록했고, 각 가정의 작은 배터리가 모여 하나의 거대한 발전소처럼 작동했다. 참여자가 늘어날수록, 그리고 더 많은 가정이 파워월을 설치할수록 VPP는 더 커지고 강력해진다.

　가상 발전소(VPP)는 여러 분산 에너지 자원(DER)을 하나로 통합해 운영하는 시스템으로, 단순히 가정용 배터리만 연결하는 개념이 아니다. 태양광 패널, 소규모 풍력발전, 하천 수력, 바이오매스, 가정·차량용 배터리(ESS), 전기차 충전기, 스마트 온도조절기, 온수기와 같은 가전제품까지 다양한 자원이 이에 포함하는 인공지능(AI) 기반의 가상 발전소에서 다양한 분산 에너지 자원을 집계·모니터링하고, 필요에 따라 효율적으로 통합·분배할 수 있다.

　더욱 흥미로운 사실은, 이렇게 전기를 내어준 사람들은 금전적 보상을 받았다는 점이다. 전기요금을 걱정하는 대신, 전기를 팔아 돈을 번 것이다. 즉, 폭염이 만든 위기는 기회가 되었고, 사람들은 소비자에서 생산자로 변신하는 과정을 경험했다. 그런데, 이 모두는 인공지능 기술과 접목해서 가능했던 것이다.

_____ 분산 에너지 자원(DER) 통합 관리

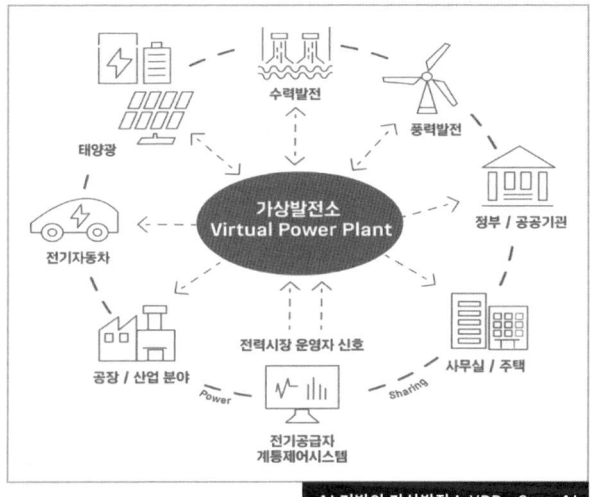

AI 기반의 가상발전소 VPP _ Sora AI

이제 미국 워싱턴 주로 가보자. 미국 굴지의 전력회사인 퓨젯사운드 에너지는 AI 기업과 손잡고 또 다른 형태의 VPP를 운영하고 있다. 퓨젯사운드는 AI 플랫폼을 활용해 고객들이 전기를 절약할 때 보상을 받을 수 있는 수요 반응형(demand response) 프로그램에 참여를 유도하고 있다. 단순히 기술 중심이 아닌, 인센티브를 통해 고객의 행동 변화를 이끌고 있는 것이다. 또한 AI 플랫폼을 활용해 스마트 온도조절기나 전기온수기를 설치한 고객에게 실제 인센티브를 제공함으로써 더 많은 가정이 VPP에 참여하도록 하고 있다. 이 플랫폼은 예측 정확도 97% 이상을 자랑하며, 여름철과 겨울철처럼 전력 수요가 급증할 때 AI 기반 예측과

제어를 통해 전력망의 피크를 효과적으로 완화한다.

그 결과는 놀라웠다. 프로그램 출시 하루 만에 2,000명 이상이 가입했고, 전력 소비자가 생산자(프로슈머, prosumer)가 되는 순간을 맛본 것이다. 이렇게 개인의 작은 참여들이 모여 도시 전체의 전력을 안정시키며, 고객 중심의 에너지 혁신을 이끄는 원동력이 되었다. 참여자가 늘어날수록 VPP는 더 커지고 강력해진다.

이 프로젝트를 통해 많은 고객이 친환경 전력을 안정적으로 공급받는 미래를 체험하고 있다. 이곳의 AI는 태양광 패널, 전기차 충전기, 스마트 온도조절기, 가정용 배터리 같은 분산 에너지 자원(Distributed Energy Resources : DER)을 통합 관리한다. 예측·제어·보상까지 모두 AI로 연결되어 안정성과 효율성을 높인다. 각 기기의 전력 생산이 들쭉날쭉해도, 이를 모두 합치면 마치 대규모 발전소처럼 안정적인 전력 공급이 가능해진다.

현재 VPP는 미국, 유럽, 아시아 및 호주에서 운영되고 있다. VPP는 자원의 다양성과 분산성을 활용하여, 단일 자원에 의존하지 않고도 예측 가능하고 안정적인 전력 공급을 실현할 수 있는 혁신적 모델이다. 수요가 가장 많은 기간에 VPP는 피크 발전소보다 최대 60% 더 비용 효율적이다.[13]

---

[13] U.S. Department of Energy. Pathways to Commercial Liftoff: How VPPs Are Reshaping Utility Strategies, DOE Liftoff Report 2025

_____ 미래의 바람을 읽는 구글 딥마인드

미래의 바람을 읽는 AI _ Sora AI

한편, 구글 딥마인드는 AI로 바람의 미래를 읽는다. '바람이 언제 얼마나 불지 내일 아침 8시에 확실히 알 수 있는가?' 과거에는 이런 질문이 황당한 상상 속의 일이었지만, 이제는 AI의 힘으로 현실이 되고 있다. 구글 딥마인드는 36시간 먼저 바람을 예측하고 동향을 읽는다.

구글은 미국 중부의 700MW 규모 풍력발전소를 대상으로 AI 기반 예측 시스템을 적용했다. 이 풍력단지는 한 도시가 사용할 수 있을 만큼의 전기를 생산한다. 기상 예측 데이터와 과거 터빈 운전 데이터를 학습한 인공지능 신경망(neural network)을 활용해 풍력 발전량을 예측한다. AI는 이렇게 예측된 데이터를 기반으로 발전소가 미리 전력망에 공급 계획을 세우도록 지원한다.

결과는 놀라웠다. 풍력 에너지의 경제적 가치가 20% 증가한 것이다. 이는 단순히 기술이 좋아졌다는 의미를 넘어, 예측하기 힘든 바람을 예측 가능한 에너지원(schedulable energy) −즉 '언제 얼마나 공급할 수 있는지' 미리 약속할 수 있는 자원− 으로 바꿔버린 획기적인 성과다. 예전처럼 정해진 시간 약속 없이 전기를 공급하던 방식과는 확연히 다르다.

각국의 VPP 특징

일본에서는 가상발전소가 재난 대응에서 큰 효과를 발휘했다. 태풍 등으로 송전선이 끊겨도, 가정에 설치된 배터리가 전력을 공급해 주민들이 정전 피해를 줄일 수 있었다. 작은 배터리들이 모여 지역 전체의 회복력을 높여준 것이다.

독일의 지멘스는 도시 단위의 디지털 트윈(Digital Twin)을 구축해 건물, 전기차 충전소, 태양광 패널 등을 시뮬레이션하며 전력 사용을 최적화한다. 도시 전체가 하나의 살아 있는 유기체처럼 움직이는 셈이다.

한편, 스위스의 ABB는 건물 중심의 관리 모델에 초점을 맞춘다. ABB 에너지 자산 관리자(Energy and Asset Manager) 솔루션은 클라우드 기반 SaaS(Software-as-a-Service)를 통해 고객이 물리적 자산과 전기 시스템을 실시간으로 관리하고 최적화할 수 있도록 지원한다. AI 기반 빌딩 에너지 관리 시스템은 전력, 냉난방, 가스 사용을 실시간으로 분석하고 이상 패턴을 감지하면 경고한다.

이를 통해 에너지 비용을 최대 25% 절감하기도 했다.

또 다른 흥미로운 사례는 AI 에너지 예측 앱이다. 날씨와 과거 사용 데이터를 분석해 다음 날 전력 사용량을 예측하고, 사용자가 피크 요금 구간을 피해 에너지를 조정할 수 있도록 돕는다. 마치 건물에 스스로 전력 소비를 계획하고 절약하는 비서가 생긴 셈이다. 이처럼 구글, 지멘스, ABB, 그리고 일본의 사례는 공통된 시사점을 준다. AI와 VPP는 단순한 효율 향상을 넘어 미래를 예측하고 공동체의 안전과 회복력까지 책임질 수 있다는 점이다.

미래의 VPP 전략

각국의 VPP 모델은 특성이 다르다. 미국 테슬라는 참여와 보상, 스위스 ABB는 개별 빌딩 효율화 모델, 독일 지멘스는 개별 가정·건물이 아니라 도시 에너지 흐름의 최적화, 일본은 재난 대응력 강화를 위한 VPP 모델을 발전시키고 있다.

한국전력공사(KEPCO)와 자회사 KDN은 단순한 전력 절약을 넘어, AI가 발전량과 전력 시장 가격을 예측해 자동으로 처리하는 시장 연계형 VPP 모델을 구축하고 있다. KDN-VPP 플랫폼은 태양광, 풍력, 에너지저장장치(ESS) 등 분산형 신재생 자원을 하나의 가상 발전소처럼 통합 관리한다. AI 모델을 통해 발전량과 전력 시장 가격(SMP)을 예측하고, 최적의 입찰 전략을 자동으로 수립·실행한다.

우리나라도 국가 전력망을 'AI 두뇌'로 관리하는 '자율적 지능 시스템'으로 만들고자 노력중이다. 머지않아 AI 기술 덕분에 전력망은 스스로 판단하고, 생산하며, 최적화하는 지능형 전력 시스템으로 진화할 것이다.

AI가 에너지 산업의 패러다임을 변화시키고 있다. 가정의 배터리 하나, 온수기 하나, 전기차 한 대가 모여 거대한 전력망의 균형을 이루는 시대. 이제 소비자는 단순히 전기를 쓰는 존재가 아니라, 전력 시장의 핵심 주체로 자리 잡고 있다.

미래는 더 이상 전력을 단순 소비하는 시대가 아니다. 결국 AI-VPP는 단순한 기술을 넘어 미래의 새로운 에너지 질서를 창조해 가고 있음을 보여준다. 현재는 VPP는 전통 발전소를 보완하는 역할을 하지만, 장기적으로는 화력이나 원자력 발전소를 점차 대체할 가능성도 제기되고 있다.

머지않아 우리는 전기요금 고지서 대신, '이달의 전력 판매 수익 증서'를 받는 날을 맞이할지도 모른다. 그리고 그 무대 뒤에는 언제나 AI의 보이지 않는 두뇌가 조용히 작동하고 있을 것이다. 어려운 상황일수록 위기를 기회로 포착하고 창조적 아이디어와 역발상으로 AI를 활용하는 지혜와 전략이 필요한 시점이다.

AI 시대의
딥마인드 경영과 현자 케이론

DeepMind Management and
The Sage Chiron in the Age of AI

Part 4

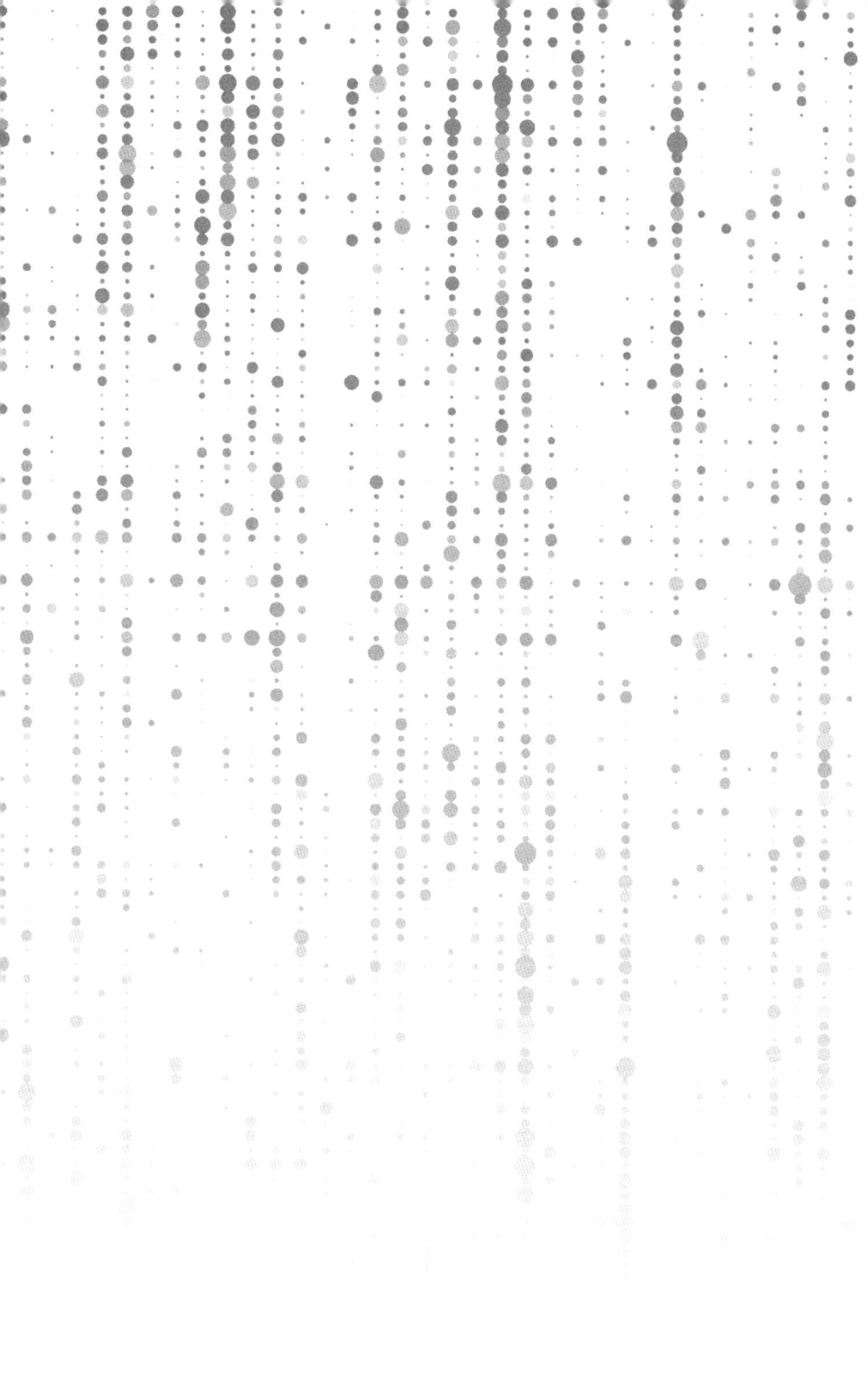

나도 모르는 내 마음 :

딥마인드 경영의 알고리즘

햄릿 _ Copilot

____ 나도 모르는 내 마음

'내 마음 나도 몰라'. 이 노랫말은 현대인의 복잡한 마음을 잘 묘사하고 있다. 정보의 홍수 속에서 자신이 진정 원하는 것이 무엇인지, 자신이 무엇을 선택해야 할지 모르는 경우가 많다. 심지어 알더라도, 종종 '햄릿 현상'이라 불리는 결정장애를 겪는다. 이때 인공지능은 내 마음을 알 수 있을까?

____ 협업 필터링

사용자의 간단한 정보만 가지고도 AI는 그의 취향을 탐색할 수 있다. 어떻게 그것이 가능할까? 나는 하나의 취향(데이터)이지만 세상에는 나의 취향과 일치하는 무수한 사람들이 있다. 수많은 다른 사용자의 취향을 분석하여 나의 취향을 예측하는 협업 필터링(collaborative filtering)을 통해서다. 예를 들자면, 철수(A)는 로맨스 영화 '내 머리 속의 지우개'와 '건축학개론'을 좋아하고, 친구 영희(B)는 '클래식'과 '내 머리 속의 지우개'를 좋아한다고 가정하자. 철수(A)와 영희(B)는 모두 '내 머리 속의 지우개'를 좋아하므로, 두 사람은 유사도가 높다고 평가된다. 따라서 영희(B)의 취향을 참고하여 철수(A)에게 '클래식'이 추천될 수 있고, 반면 철수(A)가 좋아하는 '건축학개론'은 영희(B)에게 추천될 가능성이 높다.

반면, '인터스텔라'와 '굿파트너'를 좋아하는 영수(C)와 '터미네이터'와 '다크'를 좋아하는 별님(D)은 공통적으로 좋아하는 콘텐츠가 없지만, SF와 드라마 장르에 대한 선호도가 높다. 따라서 영수(C)에게는 '터미네이터'나 '다크'가 추천될 수 있고, 별님(D)에게는 '인터스텔라'나 '굿파트너' 같은 콘텐츠가 추천될 가능성이 있다. 하지만 영수(C)와 별님(D)의 선호 콘텐츠는 철수(A) 또는 영희(B)와 유사성이 낮아서 추천되지 않는다.

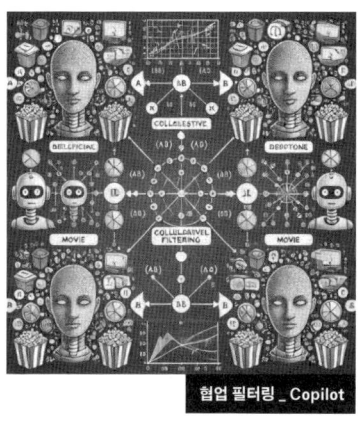

협업 필터링 _ Copilot

위와 같이, 협업 필터링은 '나와 취향이 비슷한 사람은 누구인가'와 '그들이 좋아하는 콘텐츠는 무엇인가'를 분석해 개인화된 추천을 제공한다. 개인화된 추천을 통해 최적의 선택을 가능하게 하고, 실시간 데이터를 활용한 협업과 공동 창조를 가능케 한다. 그래서 나도 모르는 내 마음을 AI는 탐색할 수 있다. 이 기술은 단순히 영화 추천에만 국한되지 않는다. 쇼핑, 음악, 음식 배달 앱 등 곳곳에서 활용된다. 또한, 제조업에서는 맞춤형 제품을 설계하고, 경영에서는 조직의 의사결정을 최적화하는 데 사용할 수 있다. 제조업, 전자, 건축, 리테일, 수질 관리, 나아가 경영과 행정 분야에서도 활용되어, 고객 맞춤형 제품 설계, 최적화된 자원 관리, 효율적인 의사결정 등을 지원할 수 있다.

_____ 딥마인드 경영

딥마인드 회의: 고객-기획자-개발자-
디자이너가 AI로 공통분모를 찾는 모습
_ Copilot

그간 산업 분야에서 기획자와 개발자 간의 커뮤니케이션 차이, 개발자와 디자이너 간의 의견 충돌 등은 끊임없이 존재했다. 이러한 의견 불일치가 해결되지 않으면 업무상의 비효율뿐만 아니라 고객 만족을 이루기 어렵다. 그러나 AI 알고리즘은 개발자와 디자이너가 원하는 공통분모를 찾아내고, 기획자와 개발자 간의 커뮤니케이션 격차를 효과적으로 메울 수 있게 되었다. AI 알고리즘은 각 이해관계자의 요구와 우선순위를 분석하고, 시뮬레이션을 통해 최적의 대안을 도출한다. 인간이 하는 브레인스토밍은 한정적으로 아이디어를 도출하지만 AI 알고리즘은 많은 대안을 빠르게 생성하는 것은 물론, 이해관계자들의 요구를 심층적으로 분석하여 모두가 수용할 수 있는 공통분모를 찾아낸다. 이를 통해 더 나은 협업과 효율적인 의사결정을 지원하며, 기획자-개발자-사용자 모두를 만족시킬 수 있다.

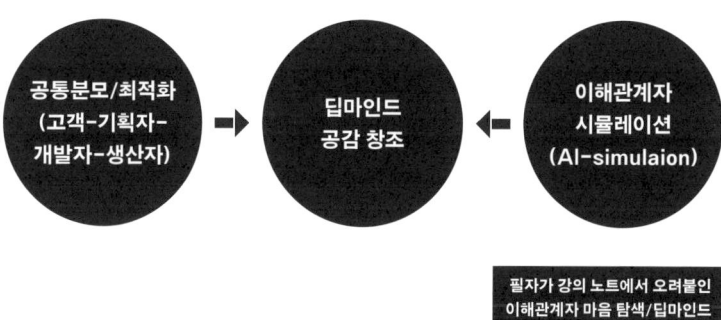

필자가 강의 노트에서 오려붙인
이해관계자 마음 탐색/딥마인드

AI 시뮬레이션의 최종목표는 단지 기획자나 개발자만을 위한 것이 아니다. AI는 최종적으로 고객의 선택을 중심으로 의사결정을 돕는 해결사 역할도 할 수 있다. 모든 이해관계자의 요구와 대안을 종합하여 고객의 선택을 통해 더 많은 사람을 만족시킬 수 있는 대안을 제시할 수 있다. 즉, AI는 딥마인드 경영을 가능케 한다. AI는 협업을 통한 딥마인드 공감 창조(co-creation)의 도구이자, 의사결정 과정에서 이해관계자들의 마음을 만족시킬 수 있다. 또한, 딥마인드는 데이터를 활용하여 사용자 개개인의 요구를 충족시키는 초개인화 기술을 구현하며, 이는 스마트 경영에 적용할 수 있다. 결국, 딥마인드는 이해관계자들이 AI를 활용하여 고객 중심의 경영을 실현하고, 공동 창조를 가능하게 하는 혁신적 도구가 될 수 있다.

____ 결론/효과

필자가 이 과정을 '딥마인드 경영'이라고 명명한 이유는 나와 타인, 그리고 집단의 마음을 딥(deep)하게 탐색할 수 있기 때문이다. 나도 모르는 내 마음을 깊게 탐색한다는 점, 타인의 마음도 나와 연관분석(협업 필터링)을 통하여 탐색한다는 점, 나아가 모든 이해관계자의 의견과 데이터를 통합하여 AI가 최적의 대안을 도출하기 때문이다. 딥마인드 경영의 효과는 AI를 활용하여 실시간으로 탐색하면서 기존 프로세스의 반복 횟수를 줄이고, 예측 기반으로 설계와 시뮬레이션의 효율성을 높일 수 있다. 요컨대, 딥마인드 경영은 시간 절약(반복적인 과정을 생략), 비용 절감(불필요한 자원 낭비를 줄임), 설계 및 검증의 효율화(더 빠르고 정확한 결과 도출)를 통하여 모두를 만족시킬 수 있다. 집단 속에서 평균적인 만족을 넘어서 각 개인은 초개인적 만족을 누릴 수 있다.

내 마음을 나도 모르는 현대인들에게 AI가 각자의 마음을 깊이 탐색하는 협업 필터링 알고리즘을 학습해 둔다면 '딥마인드 경영'에 유용한 방법론이 될 것이다.

AI와 인간,

불사(不死)의
현자(賢者) 케이론과 같이

켄타우로스

그리스 신화에 나오는 켄타우루스(Centaurus)는 반인반마(半人半馬)의 모습을 하고 있다. 하반신은 말이고, 상반신은 인간의 모습을 띠고 있다. 켄타우루스 중에는 성질이 사나운 종도 있기에 오늘날에는 치안유지와 전쟁 등에서 'AI헐크'로 나타나 무자비한 모습을 보여주기도 한다.

한편, 케이론(Chiron)은 인간에게 지식을 가르칠 정도로 현명한 켄타우루스의 별종으로, 헤라클레스와 아킬레우스 등의 무수한 영웅들의 스승이기도 했다. 켄타우루스 케이론은 부족한 인간을 돕는 착한 영웅을 상징한다. 예컨대, 영국에서 하반신이 마비된 한 여성이 '리워크(ReWalk Robotics)'를 착용하고 17일 동안 런던마라톤을 완주했다는 소식은 AI가 인간과 성공적으로 결합한 좋은 사례다. 인공지능 외골격 로봇은 근력이 부족한 인간에게 근육이 되어주고, 하체를 떠받혀 무거운 짐도 거뜬히 들게 해준다. 외골격 로봇은 증강 근력을 만들어 주고 사람의 뼈와 근육을 대신하게 해준다. LG전자가 유럽 가전박람회(IFA)에서 선보인 '입는 로봇'이나 포드자동차가 하반신 마비 환자를 돕기 위하여 또는 산업현장에서 외골격 로봇 조끼 '엑소베스트(Ekso Vest)'를 선보인 것은 좋은 예이다. 덕분에 인간의 팔 힘은 7kg 늘어나고, 팔과 허리에 주어지는 부담은 40%가량 줄어들게 되었다. 이러한 AI+인간의 협업은 아주 멋진 일이다.

인공지능 산업에서 케이론은 인간의 장점과 AI의 장점이 잘 결합된 유형을 의미한다. 즉 인간이 하는 일과 AI가 하는 일을 명확하게 정의한 후에, 인간이 가장 잘하는 일은 인간이 하고, AI가 가장 잘하는 일은 AI를 사용하면서 협업구조를 구성하는 것이다.

요즘은 모든 분야에 AI가 적용되며 전기처럼 일상화된다. 게다가 모든 산업에서 생성형 AI를 도입하고자 한다. 하지만 질문을 던져봐야 한다. 반드시 생성형 AI의 도입이 필요한 분야인가? 적절한 시점인가? 올바른 방법인가? 깊이 고민해야 한다.

하버드 경영대학원의 연구[14]에 따르면, 생성형 AI를 적용하는 것이 꼭 비즈니스 문제해결에 긍정적인 것만은 아니라고 한다. 연구 결과, 창의적인 제품 혁신 분야에선 생성형 AI를 사용했을 때의 성과가 사용하지 않은 곳보다 40% 높았지만, 비즈니스 문제해결에서는 오히려 성과가 23% 감소했다고 나왔다. 마치 내비게이션에만 의존하는 운전자는 길을 모르듯이, AI가 매우 좋으면

---

[14] Harvard Business School's Working Paper 24-013, Navigating the Jagged Technological Frontier, 2023.9.22

사람은 주의를 기울이지 않고 AI의 판단에만 맡겨버려 오히려 문제가 생길 수 있는 것과 같은 이치다. 쉬운 예로, 인간의 성장이 멈추거나 정전과 같은 돌발상황에서 차가 멈추는 경우를 들 수 있겠다. AI에 의존해서 게으르고 부주의한 '사이보그'가 되어버리는 것이다.

인공지능 기술 구현에는 매우 성공적이었으나 비즈니스 관점에서 어려움을 겪고 있는 '아마존고(Amazon Go)'의 예를 들어보자. 작년 말 기준으로 미국 내 아마존고는 약 25%의 매장을 철수했고 대규모 해고를 단행했다. 그 이유는 사람들에게 신기한 기술 경험을 제공해주었지만, 비즈니스 및 문제해결의 관점에서는 사이보그의 함정에 빠졌다. 아마존고가 '존재하지 않는 문제'를 정의하고 문제를 해결하려고 했기 때문이다. 기술의 참신함 외에 신선한 식료품과 빠른 회전율과 같은 식료품 고유의 강점에서는 경쟁우위를 인정받지 못했고, 가격 경쟁력도 갖지 못했다. 식료품점을 방문하는 고객들에게 정말 중요한 가치가 무엇인지에 대한 고려보다는 신기한 기술 구현에만 집중한 결과이다. 그래서 AI는 AI+비즈니스를 함께 보아야 효과적이다.

인공지능에서 켄타우로스와 현명한 케이론(Chiron)을 언급한 이유는 AI를 현실에 적용함에 있어서, AI 자체의 능력을 확장하는 것이 목표인가, 현실의 비즈니스 문제해결이 목표인가를 명확히 정의할 필요성이 있다는 점을 강조하기 위함이다. 문제정의와 목표가 분명해야 효과를 볼 수 있다.

여기서 중요한 포인트는 AI를 제대로 사용하는 방법은 인간을 중심에 놓고 생각해야 한다는 것이다. 그러면 인간과 AI의 결합은 우리 모두에게 훨씬 더 많은 혜택을 가져다줄 것이다. 켄타우로스 체스(Centaur Chess) 게임에서도 사람과 AI가 함께 팀을 이뤄 서로 힘을 보태며 게임을 진행하여 세계 최고 수준의 실력을 발휘했다는 점은 좋은 보기가 될 것이다.

켄타우로스의 현자(賢者) 케이론은 원래 불사(不死)의 몸이었으나, 헤라클레스가 잘못 쏜 화살에 맞았다. 헤라클레스가 신성한 포도주로 만찬을 베푼 날에 술을 차지하려고 싸움판이 벌어졌고, 화가 난 헤라클라스의 독화살에 하필이면 싸움에 가담하지 않은 케이론이 맞아서 맹독이 퍼졌다. 케이론은 죽을 수 없는 영생(永生)의 몸이었기에 온몸에 맹독이 퍼지는 고통을 겪으면서 살아야 했다. 케이론은 제우스에게 제발 죽을 수 있도록 해달라고 간청한 나머지, 제우스는 그에게 인간을 상징하는 프로메테우스로 바꾸어 죽을 수 있게 해주었다. 하지만 제우스는 케이론의 죽음을 안타깝게 여겨서 그를 하늘의 별자리 중에 궁수자리로 올려두었다고 한다.

불사와 영생의 운명으로 태어난 켄타우로스 케이론도 사라졌듯이 세상에 영원한 것은 없다. 시대와 상황에 맞는 창조와 혁신이 있을 뿐이다. AI시대에는 인간과 AI의 협업 지능(Collaborative Intelligence : CQ) 모델을 개발해야 한다. CQ 모델을 개발할 때는 문제정의가 명료해야 하고 올바른 해법이 나와야 한다. 문제정의를 무엇으로 하느냐, 최상의 시너지 창출 전략은 무엇이냐 등에 따라 결과는 콩에서 팥까지 천양지차로 달라지기 때문이다.

AI와 인간의 협업이 일상화되어 '켄타우로스의 시대(The Age of Centaurus)'가 온다면, 켄타우로스 케이론을 꿈꾸는 기업가의 고민은 깊어질 수밖에 없을 것이다. AI를 기술 구현에 초점을 둘 것인가, 비즈니스 문제해결에 초점을 둘 것인가? AI의 활시위가 단기적 수익을 겨냥할 것인가, 지속적인 성장모델(인간과 말의 지속적이고 조화로운 결합)을 추구할 것인가? 이러한 질문에 어떻게 답하느냐에 따라 사이보그가 되느냐, 케이론이 되느냐가 결정된다.

우리는 인간과 AI의 지속 가능하고 조화로운 협업이 인간에게 진정한 이익을 가져다주는 '케이론의 시대'가 어서 빨리 오기를 기다린다.

인공지능 연구자의 노벨상 수상 비결

2024년 노벨상은 인공지능 연구자들이 휩쓸었다. 노벨물리학상에는 인공 신경망 연구의 기초를 닦은 석학 존 홉필드(John J. Hopfield) 프린스턴대 명예교수와 제프리 힌튼(Geoffrey Hinton) 토론토대 교수가 선정되었고, 노벨화학상 역시 데이비드 베이커(David Baker) 워싱턴대 교수, 데미스 허사비스(Sir Demis Hassabis) 구글 딥마인드 최고경영자, 존 점퍼(John M. Jumper) 딥마인드 수석연구원 등 인공지능 융합연구자들에게 수여되었다.

스웨덴 왕립과학원 노벨위원회는 노벨물리학 수상자들에 대하여 "물리학에서 신소재 개발 등 광범위한 분야에서 인공 신경망을 사용한다는 점에서 이들의 노력은 인류에게 큰 혜택을 주었다"고 평가했다. 노벨화학상 수상자들에 대하여 "신약 후보 물질 발굴의 강력한 게임체인저로 떠오른 단백질 3차원 구조를 예측하는 인공지능을 개발하였다"고 그 공로를 설명했다.

노벨상 수상자들에게 공통적으로 보여지는 중요한 특징은, 무엇보다도 인공지능을 활용한 융합연구로 인류에게 혜택을 제공하고 있다는 점이다. 데이비드 베이커가 뉴턴의 명언을 인용해서 말했듯이 "거인들의 어깨 위에 올라서 있었기 때문에" 노벨상을 받았다는 그의 소감은 단지 겸양만은 아닐 것이다. 앞선 선각자들과 과학자들로부터 지식과 경험과 지혜를 얻고 이어가는데 특정 학문과 경계에 대한 집착이 무슨 소용이 있을까? 오로지 잘 계승하고 융합하는 것이 중요할 뿐이다. 그런 점에서 2024년 인공지능 관련 노벨상 수상자들 역시 경계를 초월한 '초융합의 달인'이라고 하겠다. 좁은 학문의 경계를 허물고 현실의 문제해결을 위해 학제적·초융합의 방법으로 임하고 있다는 점, 또 인류가 직면한 현실적인 문제해결을 위한 인공지능을 개발하고 있다는 점에서 찬사를 받고 있다. 인공지능 초융합 연구자 5명을 간략히 살펴보자.

❶ 존 홉필드(John J. Hopfield)
물리학, 화학, 통계역학, 생물학, 신경과학, 컴퓨터 공학 등을 학제적으로 융합하여 연구했고, 정보를 저장하고 재구성할 수 있는 구조를 만드는 등 중요한 업적을 낳아 노벨물리학상 수상.

❷ 제프리 힌튼(Geoffrey Hinton)
수학, 심리학, 인지과학, 철학, 컴퓨터 과학 등을 학제적으로 융합하여 연구했고, 다층 퍼셉트론과 오차 역전파 알고리즘 증명 등

데이터로부터 패턴과 구조를 자동학습으로 발전시킨 업적을 낳아 노벨물리학상 수상.

2024년 노벨물리학상 수상자(노벨위원회)
존 홉필드 프린스턴대 명예 교수, 제프리 힌턴 토론토대 교수

❸ **데이비드 베이커**(David Baker)
생화학, 생명공학, 구조생물학, 컴퓨터 생물학 등을 학제적으로 융합하여 연구했고, 단백질 설계법을 개발한 공로를 인정받아 노벨화학상 수상.

❹ **데미스 허사비스 경** (Sir Demis Hassabis)
딥마인드 창업자로 신경과학, 컴퓨터 과학, 인공지능 등을 학제적으로 융합하여 연구했고, 딥마인드의 알파폴드 프로젝트를 통해 단백질 구조 예측에 대한 혁신적인 성과를 인정받아 노벨화학상 수상.

❺ **존 점퍼**(John M. Jumper)
물리학, 수학, 계산생물학, 화학, 인공지능 등을 학제적으로 융합하여 연구했고, 단백질 구조 예측에 대한 공로를 인정해 노벨화학상 수상.

2024년 노벨화학상 수상자(노벨위원회)
데이비드 베이커 워싱턴대 교수, 구글 딥마인드의 데미스 하사비스 최고경영자(CEO), 구글 딥마인드의 존 점퍼 수석연구원

 학문의 경계를 허물고 인공지능을 초융합으로 연구하여 노벨상을 받은 사례는 이번이 처음은 아니다. 선구적인 사례로 인공지능의 창시자 중의 한 명인 허버트 사이먼(Herbert Alexander Simon, 1916-2001)은 원래 정치학자였다. 그는 시카고 대학에 입학하여 학부에서 박사 학위까지 정치학을 전공했으나, 인공지능 영역에서 혁혁한 공헌을 보여 튜링상, 존 폰 노이만 이론상, 헤럴드 펜더

상, 미국 과학 훈장 등을 휩쓸었고, 마침내 1978년에 노벨경제학상을 받았다. 그는 역사상 최초로 '인공지능'이라는 용어가 등장했던 달트머스 회의(1956년)에 참석했고, 1950년대에 인공지능 분야를 창안하고 상상할 수 있는 모든 인간의 지능을 컴퓨터 시뮬레이션으로 시연하고자 했다. 그가 인류에게 공헌하여 노벨상을 받은 이유는 '학문을 위한 학문', '연구를 위한 연구'가 아니라, 현실적인 문제해결에 다학제·초융합으로 천착했기 때문이다.

허버트 사이먼은 왜 정치학부터 시작했을까? 그 이유 역시 현실적인 문제 해결 때문이었다. 그는 사회와 조직의 의사결정에 관하여 깊은 관심을 가졌기에 정치학을 선택했다. 그러면 사이먼은 이후 왜 인지과학, 경제학, 경영학, 심리학, 컴퓨터 과학 등으로 관심사를 넓혀갔을까? 그 이유 역시 현실적인 사회 문제 해결에 대한 열망 때문이었다. 대공황과 세계대전의 여파로 사회 문제에 관심을 가지면서 '인간은 합리적으로 생각하고 행동하는가?'에 대한 주제를 깊이 생각하게 되었다. 20대에 버클리 대학의 행정 연구소에서 '캘리포니아주 정부 산하 구제사업부에 몇 명의 사회사업가를 두는 게 적절한가'를 결정하는 연구에 참여하면서 사이먼은 조직에서 어떻게 사람들이 의사결정을 내리는지에 대한 문제를 탐구했다. 그는 정치학을 선택했던 것과 같은 문제의식에서, 조직에서 인간은 어떻게 의사 결정하는지를 더 알고자 심리학, 경제학, 인지과학 및 컴퓨터 활용 인공지능으로 관심을 넓혀간 것이다. 그는 정치학자였지만, 이후 카네기멜런 대학교 경제학과 교수로 재직하며, 인지과학의 탄생에 지대한 역할을

했고, 심리학자로서 최초의 노벨경제학상을 받은 다니엘 카너먼(Daniel Kahneman)과 함께 행동 경제학 탄생에도 결정적인 역할을 했다.

허버트 사이먼
_ Pittsburgh Quarterly

심지어 그는 오늘날 세계적인 경쟁력을 자랑하는 카네기멜런대학교에 컴퓨터과학과를 창설한 사람이기도 하다. 그는 문제해결(heuristic problem solving)의 관점에서 인공지능이 어떻게 사용되는지를 연구했다. 이 과정에서 정치학적 관심을 확장하여 경제학, 심리학, 인지과학, 컴퓨터과학 등의 여러 학문과 결합하면서 문제해결을 추구하였기에 그의 학제적 연구 성과가 빛을 발하게 된 것이다.

따라서 사이먼은 정치학에서 출발하여, 당시의 사회문제, 즉 조직과 시스템 내에서의 의사결정의 문제를 지속적으로 연구하는 과정에서, 인공지능과 컴퓨터과학 등을 결합하면서 독창적인 연구를 할 수 있었다. 그는 경제학, 심리학, 인지과학, 경영학, 조직학, 컴퓨터 과학, 인공지능 등 다양한 분야에 막대한 영향을 준 학자로 평가받고 있다. 사이먼은 20세기의 갈릴레오였다. 갈릴레오 갈릴레이(Galileo Galilei) 역시 수학, 자연철학, 물리학, 천문학 등 다양한 분야에 관심을 가졌고, 과학 혁명을 이끈 영웅이다. 하지만 갈릴레오에게는 전공이란 것이 없었다. 오로지 문제해결에 대한 열망이 있었을 뿐이고, 이 열망으로 미지의 세계를 탐구하고 현실적인 문제에 도전한 것이다. 이는 이번 인공지능 관련 노벨상 수상자들에게서 공통적으로 보이는 현상이기도 하다. 좁은 전공을 뛰어넘어, 문제해결의 열망을 안고 초융합으로 도전하는 것! 오늘날 우리에게 가장 필요한 요소가 아닐까?

또 다른 인공지능

'휴보'의 인정투쟁

인간의 동작을 구현하는 로봇 휴보
_ Copilot

　인간을 닮은 로봇 '휴보(Hubo)'는 대한민국 로봇 기술의 상징이다. 한국 최초의 인간형 이족보행 로봇 '휴보'를 개발한 오준호 KAIST 교수에게 '휴보 아빠'라는 별명이 붙은 것은 그 상징을 말해준다. 휴보는 2004년에 걷기, 계단 오르기, 문 열기, 운전 등 다양한 인간 동작을 구현해 세계적 주목을 받았고, 마침내 2015년에는 미국 '다르파 로보틱스 챌린지'에서 운전, 장애물 돌파, 밸브 조작 등 8개 미션을 가장 빠르고 완벽하게 수행해 우승을 차지하고 상금 200만 달러(약 22억 원)를 받았다. 이것은 대한민국의 로봇 기술이 세계 최고 수준임을 인정받은 쾌거였다.

이후 휴보는 여러 세대를 거치며 발전을 거듭했고, 여기에 최신의 인공지능 기술이 융합되었다. 영국, 미국, 두바이 등에서 열린 국제 대회에서도 KAIST는 최고 수준의 기술력을 인정받았다. 2023년에는 KAIST팀(명현 교수팀)이 '국제 사족보행 로봇 경진대회'에서 MIT를 246점 대 60점이라는 큰 점수 차이로 제치고 최종 우승을 차지했다. 그해 말, 사족보행 로봇 '하운드(Hound)'는 100m를 19.87초에 주파하며 기네스 세계 신기록을 세워 주목받았다(박해원 교수팀).

2024년 세계 52개국 팀이 참가한 해양로봇 경진대회(아랍에미리트)에서 KAIST팀(김진환·심현철 교수팀)은 우수한 성적을 거둬 총상금 65만 달러(약 8억 6천만 원)를 수상했다. 이어 애틀랜타에서 열린 IEEE ICRA 국제학술대회에서는 종합 1위를 기록하며 KAIST(명현 교수, 유지환 교수)의 로봇 기술력을 세계에 각인시켰다.

AI가 인간의 뇌를 모방하듯이 휴보는 인간의 신체 동작을 따라 한다. 그런데 인간의 몸동작 역시 지능에 의해 제어되므로 휴보는 '또 다른 인공지능'이라 할 수 있다. AI가 세상을 인식하면 '피지컬 AI'가 되고, 인간의 심부름꾼이 되면 '에이전트 AI'가 된다. 이들은 모두 휴보와 같은 자율형 휴머노이드를 통해 구현된다.

휴보 로봇이 커피를 만들면서 사람과 대화하는 모습
_Gemini

휴보 로봇은 정말 다양하게 쓰인다. 농업, 의료, 물류, 제조, 안전, 국방 등 다양한 분야에서 사람처럼 일할 수 있다. 농장에서 딸기 따는 로봇, 매장과 병원에서 감성형 고객 응대 로봇, 환자를 돌보는 간호 로봇, 음식 배달 및 청소 로봇, 부품 운반 로봇, 무인 항공 정찰 로봇, 목욕탕에서 노약자를 돕는 로봇 등등… 특히 고령화와 인력난으로 휴보는 더욱 수요가 늘어났고, 팬데믹을 거치면서 그 효용성은 더욱 피부에 와닿게 되었다. 휴보에 모든 인공지능 기술과 이슈를 하나로 모을 수 있다. 여기에서 AI, 반도체, 디지털 트윈, 클라우드, 센서 등 첨단 기술이 융합된다. 나는 대한민국이 이곳에서 승부처를 만들 수 있다는 생각이다.

혁신은 실험실을 넘어 시장 한가운데서 완성된다. 이제 실험실에서 나온 휴보 기술은 빠르게 상용화되어야 한다. 진짜 혁신은 기술의 상용화, 즉 '돈이 되는 기술'로 입증될 때 그 진가를 인정받는다. 한국은 기술력과 R&D 역량에서는 우수성을 인정받은 만큼 상업화에 속도를 내야 한다. 자율 휴머노이드 기술이 산업 현장에서 '제품 경쟁력과 브랜드'로 자리매김해야 할 때다. AI+자율 휴머노이드 로봇 산업 분야에서 한국은 아직 게임의 승자도, 패자도 아니다. 이제 다음 단계는 명확하다. 세계적 수준의 기술을 브랜드 제품으로 인식, 헤겔식으로 표현하자면 '인정투쟁'에서 승리하는 일이다.

다행히도 현재 AI+자율주행 휴머노이드 분야에는 아직 글로벌 절대 강자가 없다. 미국에서는 피거AI(Figure AI), 테슬라(Optimus), 보스턴 다이내믹스(Atlas) 등 민간 기업들이 상업화를 본격 추진 중이다. 피거AI는 BMW 등과 협력해 10만 대 공급을 목표로 하고 있으며, 테슬라는 '옵티머스' 로봇을 통해 범용성과 생산성을 동시에 겨냥하고 있다. 중국 역시 정부와 민간이 협력해 대규모 자금을 투입하고 있으며, 자동차·EV 산업 기반을 바탕으로 속도전을 준비하고 있다. 한국은 레인보우로보틱스, 삼성전자, 현대로템, LG, 두산, HD현대 등이 참전 중이다.

한국은 충분한 경쟁력을 갖추고 있다. 첫째, 로봇 밀도 세계 1위의 제조업 강국으로서, 산업 현장에서 실전 데이터와 운영 경험이 풍부하다. 둘째, 부품·소재의 국산화와 함께 세계적 수준의 하드웨어 기술력이 우수하다. 셋째, AI, 로보틱스, 자동화, 자율주행 등 융합 기반 기술력이 견고하다. 넷째, 대학의 연구력, 기업의 생산력, 정부의 전략이 유기적으로 결합되며 민관협력 생태계가 형성되어 있다. 문제는 시간의 싸움과 인정투쟁이다.

한국은 AI 연구 역량, 반도체, 제조 분야에서 세계적인 강점을 보유하고 있지만, 생성형 AI의 시장 경쟁력은 때를 놓쳤다. 제2의 인공지능 자율 휴보 시장 점유를 위해 필요한 것은 '제품 실행력'과 '글로벌 브랜드'의 구축이다.

인지과학/마켓팅에서 "인식이 제품에 우선한다"는 말이 있다. 제품력 그 자체의 중요성 못지않게 고객의 마음속에 강하게 자리 잡을 때 시장을 차지한다는 뜻이다. 알 리스(Al Ries)와 잭 트라우트(Jack Trout)는 이를 '포지셔닝'이라 불렀다. 기동전에 앞서 '진지전(war of position)'에서 승리해야 한다.

자율주행 휴보 시장은 현재 '심리적 포지셔닝을 위한 이미지 전쟁' 중이다. 심리적 점유 전에 승리해야 시장에서 승리한다. 테슬라는 옵티머스 로봇 동영상을 띄우며, "전 세계 인류를 위한 범용 로봇"이라는 서사 중심의 마케팅을 펼치고 있다. 피거(Figure AI)는 역시 BMW 등과의 협업을 강조하며, 커피를 만들고 사람과 대화하는 로봇 시연 영상을 SNS와 유튜브에 공유해 대중적 신뢰와 친밀감을 쌓고 있다. 보스턴 다이내믹스는 화려한 기계체조와 댄스 영상으로 기술력과 감성적 매력을 동시에 홍보하고 있다. 한편 일본의 스즈키는 "작고, 적게, 가볍게, 빠르게, 아름답게"라는 제조 철학을 부각시키며, 전동 휠체어 및 자율 배송 로봇 등 마이크로 모빌리티 브랜드 이미지를 구축하고 있다. 제조업과 문화와 휴보 강국인 대한민국은 글로벌 인정투쟁에서 존재감이

드러나지 않는다. 이미지 전에서 밀린다면 글로벌 경쟁에서 낙오자로 전락할 수 있다.

휴보 한류 스타들의 열띤 공연 장면 _ Copilot

　대한민국의 한류가 세계인들의 마음을 사로잡듯이, 이제 '휴보 아이돌'이 나타나 관객의 반응에 실시간으로 교감하면서 'AI 휴보 강국' 코리아의 이미지를 세계인들에게 심어준다면, 대한민국은 휴보 산업의 메카로 인식될 수 있지 않을까?
　한국이 AI 기술을 휴보의 브랜드로 바꾸는 시간, 지금이 그 결정적 타이밍이다.

AI 가속주의와 트럼프 거래의 기술

프로메테우스는 신으로부터 불을 훔친 모습 _ Copilot

그리스·로마 신화에서 프로메테우스는 신들로부터 불을 훔쳐 인간에게 전해주었으나, 그 대가로 끔찍한 형벌을 받았다. 오늘날 AI는 인류에게 새로운 '불'과도 같은 강력한 도구가 되고 있다. 생성형 AI의 급속한 발전으로 그 영향력이 커지면서, 한편에서는 위험성을 이유로 규제를 주장하고, 다른 한편에서는 규제보다는 기술 발전의 가속화를 강조한다. 특히 AI 가속주의(AI accelerationism)는 AI 기술 발전을 최대한 촉진하여 기술적 특이점(singularity)에 도달해야 한다는 신념을 바탕으로 한 기술 철학적 입장이다.

대표적인 AI 가속주의자로 알려진 벤처 캐피털리스트 마크 안드리센과 '페이팔 마피아'의 거두 피터 틸은 AI 규제에 반대한다. 이들은 가속적인 AI 기술 개발이 인류의 난제를 해결하는 원동력이 될 수 있으며, 궁극적으로 인류에게 복리와 혜택을 가져올 것이라 믿는다. 실제로 이들은 미국 대선에서 트럼프를 지지했으며, 트럼프는 "AI 규제 완화와 행정 장벽 철폐"를 약속했다.

반면 AI 감속주의자들(AI decelerationists)은 AI의 잠재적 위험을 예방한다는 명분 아래, 안전성 확보와 윤리적 가이드라인 마련 등 규제의 필요성을 강조한다. 이는 바이든 행정부가 2023년 10월 발표한 '안전하고 신뢰할 수 있는 AI 개발과 활용에 관한 행정명령'으로 이어졌다.

트럼프의 대통령 당선은 규제를 강조하는 진영에 맞선 AI 가속주의자들의 정치적 승리로 해석되기도 한다. 그러나 트럼프 대통령 당선에 혁혁한 공을 세웠던 일론 머스크의 입장은 다소 복잡 미묘하다. 그는 한편으로 AI의 잠재적 위험성을 강조하며 일부 규제 법안에 찬성 의사를 보였지만, 동시에 AI 연구와 기업 투자를 확대하며 가속주의적 입장을 취해왔다. 이 때문에 그의 태도는 때로는 AI 규제를 옹호하는 감속주의자들들에게 동조하는 듯 보이고, 때로는 기술 발전을 밀어붙이는 가속주의자의 면모를 드러내는 양가적·모순적 성격을 가진다고 평가된다. 그 배경에는 AI 기술 독점 반대 명분과 개인적 감정 등이 복합되어있는 듯하다. 일론 머스크는 딥마인드에 초기 투자를 고려했다. 그러나 딥마인드가 구글에 인수되는 것을 보면서 거부감이 들었다. 이러한 배경 속에서 머스크는 오픈AI 설립에 참여했으며, AI 기술이 소수 기업에 독점되는 것보다 오픈소스 형태로 개발되어 많은 사람이 혜택을 누릴 수 있기를 바랐다. 하지만 현실은 달랐다. 2019년 오픈AI가 영리 기업으로 전환하고 마이크로소프트로 흡수되는 모습을 보면서 AI 기술의 독점화에 대한 우려가 커졌다. 그는 오픈AI가 초기의 '오픈소스'와 '비영리 정신'을 내던지고 상업적 이익만을 추구한다고 비판했다. 딥마인드는 구글의 품에 안기고, 오픈AI는 마이크로소프트의 일부가 되는 현실이 못마땅했다. 그는 오픈AI가 충분한 검증 없이 무작정 달려가고 있다고 비판했다. 결국 머스크는 스스로 AI 기업(xAI)을 설립하면서 그들과 경쟁 관계에 돌입했다. 그의 AI 규제에 대한 동기는 개인적 경험과 소수에 의한 AI 기술 독점의 반대라는 점에서 단순한 기술 규제론자와는 결이 달라 보인다.

트럼프 행정부의 AI정책에 영향력을 가진 인물로 백악관 수석 AI 정책 고문 시람 크리슈난(Sriram Krishnan)을 꼽을 수 있다. 그는 2025년 발표된 AI 액션플랜 : 경주에서 승리하기(AI Action Plan: "Winning the Race")의 핵심 설계자로, AI를 단순한 기술 혁신이 아닌 국가 전략 자산으로 위치시켰다. 2025년의 새로운 AI 액션플

랜은 AI 가속화를 위하여 규제 완화, 인프라 및 데이터 센터 확충, 글로벌 기술 수출 촉진, 이념적 중립성 유지를 핵심 축으로 삼았다. 이러한 가속주의적 접근은 실리콘밸리의 환영을 받았으나, 안전성과 윤리를 중시하는 감속주의 진영과는 긴장을 유발했다.

시람 크리슈난은 인도 첸나이에서 태어나서 미국으로 이주한 후 마이크로소프트와 트위터, 그리고 벤처캐피털사 앤드리슨 호로위츠에서 경력을 쌓으며 기술·자본·정책 영역을 가로지르는 다층적 경험을 축적했다. 이러한 배경은 그가 AI를 혁신·경제·외교를 결합한 국가 전략으로 설계하는 데 기여했다. 트럼프 행정부의 AI 정책은 혁신과 규제 간의 균형 문제, 그리고 AI를 둘러싼 가속주의와 감속주의의 갈등을 드러내는 실험장이 되고 있다. 크리슈난의 역할은 미국이 글로벌 AI 경쟁에서 어떤 궤적을 그릴지를 가늠하는 핵심 변수라 할 수 있다.

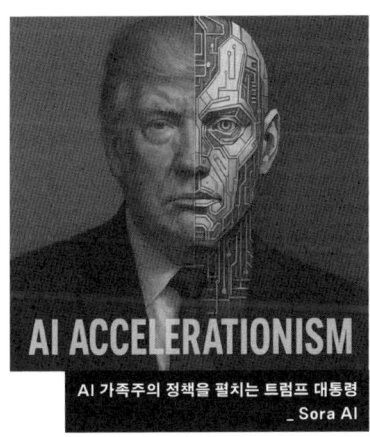

AI 가족주의 정책을 펼치는 트럼프 대통령
_ Sora AI

요컨대, 트럼프 행정부의 AI 정책의 방향은 '가벼운 터치(light touch)' 성격을 보인다. 이는 신기술이 개발되는 초기 단계에서는 정부가 개입하지 않고, 규제를 최소한으로 줄여 개발자와 기업이 비용과 시간을 절감하도록 하는 것이다. 정부는 민간의 자율적 혁신에 힘을 실어주고, 기업들이 스스로 AI 윤리 기준을 세우고 책임 있는 AI 사용을 촉진하도록 유도하는 것이다. 프라이버시 침해나 안전 문제와 같은 중대한 이슈가 발생하는 경우에만 개입하는 정책이다. 이 정책은 AI 기업들이 자국 내에서 빠르게 성장하고 기술 경쟁에서 우위를 점할 방향이기도 하다.

지킬 박사와 하이드의 이미지
_ Copilot

트럼프의 AI에 대한 규제 폐지 약속과 신속한 기술 개발 추구는 AI 가속주의와 닮았다. 차세대 미국의 성장 동력이 될 혁신을 창출하기 위해 AI 규제를 폐기하고, 기술 혁신을 경제 성장의 주요 동력으로 삼을 가능성이 크다. AI 가속주의자는 빠른 AI 발전이 미국 경제와 국민 복지에 미칠 긍정적인 영향도 강조한다. AI 가속주의는 미국의 산업을 강화하고 일자리를 창출하며, 경제적 이익을 극대화하려는 의도에 활용될 수도 있다. 트럼프의 입장에서는 미국의 국가 안보 및 글로벌 리더십의 유지와도 직결된다.

미국이 자국 기업 중심의 AI 연구와 개발을 추진할 경우, 미국 외의 국가들은 가혹한 환경을 맞을 수 있다. AI 가속주의는 중국의 기술 패권을 방어하고 미국의 AI 기술 우위를 유지하는데 좋은 명분이 된다. 미국이 중국에 대한 기술적 우위를 유지하기 위해 대중국 규제는 강화될 수 있다. 이 경우, 외국 기업들은 미국 AI 생태계에 진입하기 위해 미국 기업들과의 전략적 제휴를 모색하려고 할 것이니 트럼프 입장에서는 반가울 것이다.

AI 가속주의는 트럼프 행정부에서도 '지킬 박사와 하이드'처럼 이중적 성격을 띨 가능성이 크다. 트럼프는 필요하다면 거래의 이익을 전제로 중국과 부분적으로 협력할 가능성도 상존한다. 예를 들어, 2018년, 트럼프 대통령은 미국의 제재를 받던 중국기업 중흥통신(ZTE)에게 13억 달러의 벌금 부과 등 조건을 걸어 제재를 해제한 바 있다. 국제 관계에서는 영원한 동지도, 영원한 적도 없다는 말처럼 오직 국가이익만이 영원하다는 경구를 떠올리게 한다.

AI 인재 전쟁과
K-인재 전략

____ AI 인재 영입에 천문학적 자금 투입

바야흐로 AI 인재 전쟁이 한창이다. 최근 메타는 스케일 AI(Scale AI)를 인수하는데 무려 143억 달러(약 19조 원)라는 막대한 자금을 투입했다는 소식이 전해지면서 큰 화제가 되고 있다. 메타의 이번 투자가 스케일 AI라는 기업을 샀다기 보다 '슈퍼 인재' 한 명을 데려오기 위한 '인재 인수'였다는 해석이 지배적이다.

슈퍼 인재는 바로 스케일 AI의 창업자 알렉산더 왕(王绗)이다. AI 핵심 인재로 알려진 왕은 어린 시절부터 수학과 프로그래밍에 탁월했으며, 쿼라(Quora)와 에드애파(Addepar)에서 초기 경력을 쌓다가, MIT에 입학하였으나 곧 중퇴하고 19세에 스케일 AI를 창업해 최연소 억만장자에 오른 AI 업계의 스타다. 메타의 최고경영자 마크 저커버그는 AI 인재 영입을 위해 발로 뛴 것으로 알려졌다. 메타는 차세대 초지능 AI 모델 개발을 위해 슈퍼 인텔리전스 랩(Meta Superintelligence Labs, MSL)을 구축하고 왕을 연구팀 리더로 임명했다.

메타에 질세라 마이크로소프트는 최근 구글의 AI 인재 20여 명과 스타트업 인플렉션 AI의 설립자와 다수의 핵심 인력을 한꺼번에 영입했다. 구글도 최근 AI 코드 생성 스타트업 윈드서프의 설립자와 핵심 연구진을 거금으로 영입했다. 중국계 빅테크 기업들도 실리콘밸리 AI 연구자들의 공략에 나섰다. 틱톡의 모회사인 바이트댄스와 알리바바는 구글과 오픈AI의 핵심 연구원을 데려가는 등 '인재 빼가기' 경쟁에 가세하고 있다.

미중 기업이 AI 핵심 인재 유치 경쟁에 나선 모습 _ Sora AI

빅테크 기업들은 금전적 유혹에 더하여 소위 '드림팀'이라는 심리 전술까지 동원하며 AI 인재를 포획한다. 경쟁사의 최고 인재를 직접 겨냥해 인터뷰 절차를 생략하고 즉시 채용을 제안하는 등 빼가기 전쟁도 치열하다.

____ 미셔너리(Missionary) vs 머서너리(Mercenary)

　과거에도 빌 게이츠나 스티브 잡스처럼 과학기술계의 대중적 스타가 등장한 적이 있었다. 그러나 최근처럼 기업이 아닌 '개인 엔지니어'가 슈퍼스타로 부상하여 시장가치에 직접적 영향을 미치고, 글로벌 인재 전쟁의 중심에 선 사례는 드물었다. AI 핵심 연구자 영입 경쟁은 이제 NBA 슈퍼스타나 할리우드 배우의 몸값에 비견될 정도로 치열하다. 실제로 상위 AI 인재에게는 연간 수백만 달러의 연봉과 수천만~수억 달러 규모의 스톡옵션 패키지까지 제안되고 있다.[15]

　일각에서는 최근의 인재 이동을 두고 사명감보다는 눈앞의 금전적 이익에 따라 움직이는 '용병 마인드'라고 비판하면서, 그간 미셔너리(Missionary, 사명감 있는 사람들) 중심으로 형성돼 온 실리콘밸리의 정신이 머서너리(Mercenary, 금전적 이익만 좇는 용병)에 의해 훼손되고 있다고 우려하기도 한다.[16]

　문제는 대한민국이다. 우리가 AI 인재 전쟁에서 글로벌 빅테크처럼 천문학적인 자금력만으로 경쟁하는 것은 승산이 없는 싸움이다. 한국은 자금력만이 아닌 매력적인 그 무엇으로 인재 전쟁에서 승리해야 한다. 몇 가지 방법을 생각해 본다.

---
[15] WSJ, 2025.7.19
[16] Wired, Forbes, SVPG

우리의 K-인재전략

사명을 중시하는 인재, 돈만 따르는 인재상
_ Copilot

첫째, 그랜드 챌린지와 글로벌 임팩 만들기이다. 최고의 인재들은 높은 연봉만큼이나 세상을 바꿀 흥미로운 문제에 대한 지적 갈망이 크다. 우리에게는 있는, 그러나 세상에는 없는 유니크한 도전과제를 제시하고, 매력적인 '테스트베드'로서의 가치를 극대화하는 방안이다. 실리콘밸리 기업이 쉽게 접근하기 어려운, 한국만의 독보적인 'K-챌린지'를 제공하는 것이다. 예컨대, 제조 강국의 강점(예: 세계적인 반도체, 자동차, 로봇, 조선 산업에 AI를 접목) 또는 세계에서 가장 특징적인 한국의 이슈(예 : 저출산, 고령화)는 역으로 보면 돌봄 로봇 실험 등 그랜드 챌린지가 될 수 있다. 챌린지가 있어야 글로벌 임팩트도 크다.

둘째, 고정된 절대 금액을 제공하기 어렵다면, 스톡옵션과 창업 기회를 통한 초고속 성장 트랙을 제시하는 방안이다. 도전과 창업을 꿈꾸는 인재들에게는 매력적인 제안이 될 것이다. 고정된 급여보다 상당한 지분과 스톡옵션을 제공하고, 스핀오프 기회를 주어, 프로젝트가 성공하면 모기업의 투자를 받아 독립 스타트업으로 분사할 수 있도록 하는 방안이다. 이는 거대 조직의 부품 또는 급여 돼지로 살기를 원하지 않는 인재들에게 매력적인 인센티브가 될 것이다. 실리콘밸리에서 10년 걸릴 성장을 3년 만에 이룰 수 있기 때문이다. 창업의 가치는 지속되기 때문에 건강과 열정만 있으면 영원히 남는다.

셋째, 고정관념과 경직된 조직 문화, 그리고 시기 질투가 심한 곳에서는 인재가 머무를 수 없다. 그런 기존의 문화와 단절된 곳에서 문화적 치외법권 지대를 설정하고 '과학기술(Science) 및 인공지능 아일랜드(AI)=SAI'라는 이름을 붙일 수 있을 것이다. 이곳에서는 연구 주제, 예산, 팀 구성 전반에 대한 자율성과 오너십이 보장되며, 신기술을 자유롭게 실험할 수 있게 된다. 또한 AI 연구에 필수적인 데이터 접근성과 활용 장벽을 대폭 완화하고, 세계 최고 수준의 GPU 인프라를 제공해 연구에 몰입할 수 있는 최적의 조건을 조성하면 좋을 것이다.

넷째, 글로벌 네트워크 및 국제 평판 제고 전략도 중요하다. KAIST는 뉴욕 캠퍼스와 같은 국제적 거점을 마련하여 글로벌 인지도 제고, 인재 확보 및 육성 전략도 좋은 대안이다. 해외 대학이나 연구소와의 국제 공동 연구 및 국제학회 참가를 장려하여 "이곳 출신은 글로벌 무대에서도 인정받는다"는 평판을 구축하면 더욱 효과적일 것이다. 또한 산학 협력으로 인재들에게 '듀

얼 케리어(기업-대학 겸직 제도)'를 제공하면 만족도는 더욱 높아질 것이다.

K-인재전략 _ Sora AI

글로벌 인재 유치 전쟁은 기업이나 대학의 노력에 더하여 한국을 매력적인 선택지로 만들기 위한 정부의 역할이 필수적이다. 샌드박스 존에 이어, 파격적인 세금과 비자 혜택(과학기술 핵심 인재에 대한 그린카드제 도입 포함), 소득세 감면, 교육 및 생활 여건(국제학교, 주거, 의료 등) 등 불편 없는 정주 환경을 구축하는 것도 중요하다.

글로벌 SAI 인재 전쟁에서 K-인재전략은 무엇일까? 그 답을 한 문장으로 정리하라면, "있는 것으로 승부하라."가 될 것이다. 우리가 실리콘밸리 방식이나 머서너리를 추종하는 것은 우리의 실정에 맞지 않는다는 생각이다. 그렇게 본다면, 우리에게 있는 것을 가지고 우리만의 독특한 'K-인재전략'을 세우는 게 효과적이다. 우리의 가치를 극대화하는 전략 속에서 가장 의미 있는 도전, 초고속 성장 트랙, 가장 큰 자율성, 가장 큰 미래 가치 등을 패키지로 준비해야 한다. 얼마 얼마의 연봉으로 그들을 '고용'하겠다는 관점을 뛰어넘어, 그들의 초고속 성장에 우리도 함께 동참하여 그들의 꿈을 '실현' 시켜주겠다는 발상의 전환이 간절히 필요한 시점이다. 그들의 초고속 성장을 실현시켜 줄 '꿈의 파트너'가 되겠다는 발상의 전환이 필요한 시점이다.

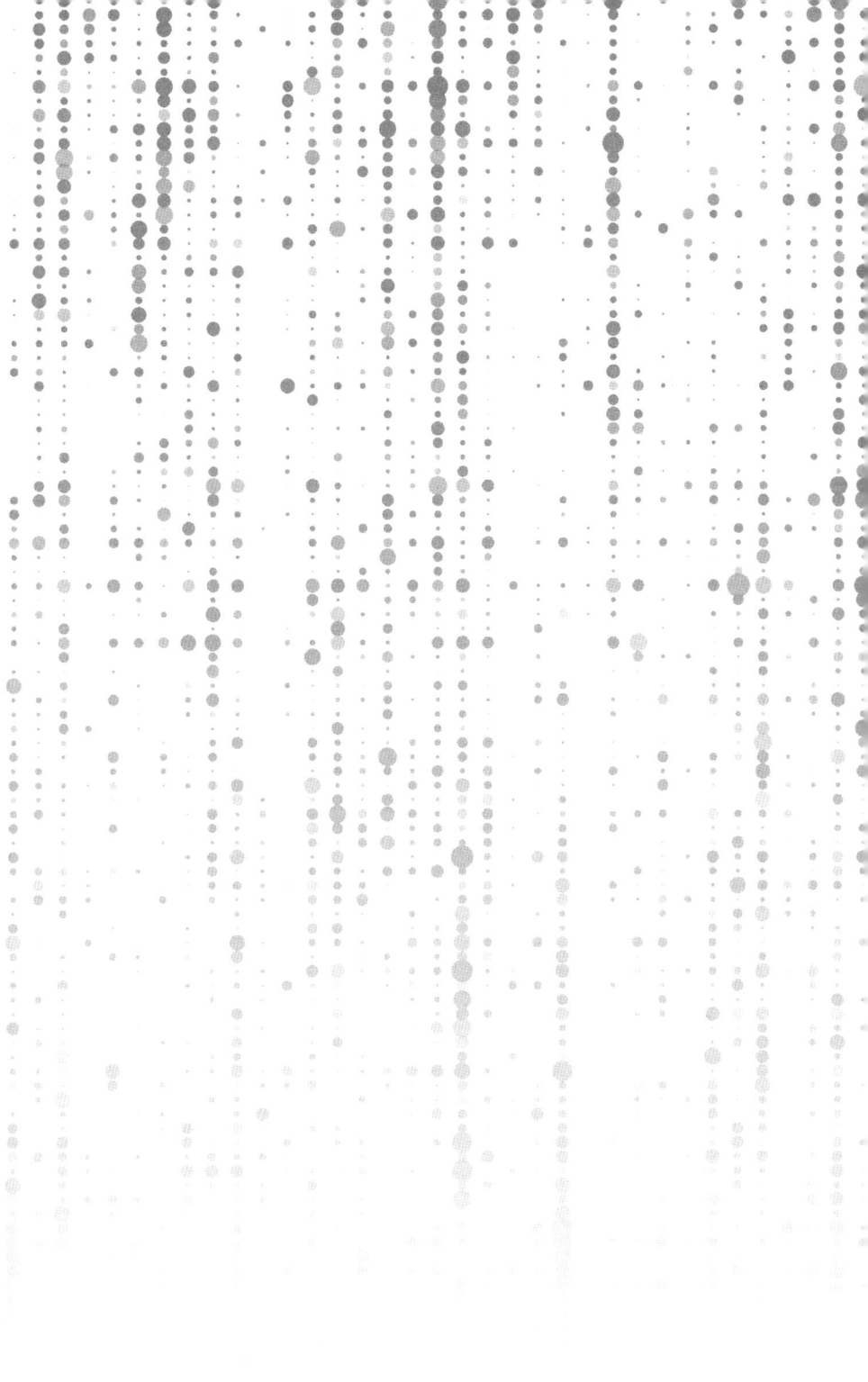

publisher　　instagram

AI 경영 소년병과 아인슈타인

초판 발행 2025년 10월 19일
지은이 여현덕
펴낸이 최대석 **펴낸곳** 드러커마인드 **출판등록** 307-2007-14호
등록일 2006년 10월 27일
주소 서울특별시 종로구 종로1길 50 더케이트윈타워 B동 위워크 2층 행복우물/드러커마인드
전화 031-581-0491
전자우편 book@happypress.co.kr
정가 19,800원　**ISBN** 979-11-94192-44-2(03810)

*드러커마인드는 행복우물출판사의 임프린트입니다